UTILITÉ

DES

TRAITÉS DE COMMERCE

PAR

G^{on} LARRAMET

AVOCAT

> Grâce à l'échange, l'être fort peut,
> jusqu'à un certain point, se passer de
> génie, et l'être intelligent de vigueur :
> car par l'admirable communauté qu'il
> établit entre les hommes, chacun parti-
> cipe aux qualités instructives de ses
> semblables.
>
> F. BASTIAT, *Œuvr. complètes.—*
> *Harmonies économiques.*
> Sixième édition — page 10.

TOULOUSE
IMPRIMERIE LITHOGRAPHIQUE ET TYPOGRAPHIQUE P. RIVIÈRE ET Cie
15, Boulevard Riquet, 15

1879 .

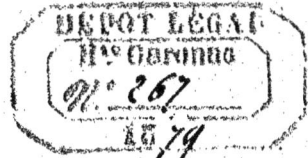

UTILITÉ

DES

TRAITÉS DE COMMERCE

A M. J. LARRAMET

DOCTEUR EN MÉDECINE ET CHEVALIER DE LA LÉGION D'HONNEUR

———————×———————

MON CHER, COUSIN,

La brochure que je vous adresse et qui vous est dédiée, n'est pas, comme vous le verrez, une protestation fantaisiste dans ce pays où la théorie du libre-échange semble encore être tenue en lisière, dans notre département surtout où l'insouciance, au point de vue du mouvement des idées industrielles ou commerciales, semble être le fait du plus grand nombre. C'est le fruit de quelques études et de recherches auxquelles je me suis livré afin de me créer à moi-même une opinion sur une question peu connue et peu travaillée.

Vous vous êtes toujours intéressé, je le sais, à tout ce qui de près ou de loin touche au travail, à la production et aux problèmes délicats et ardus qui ont de tout temps fait l'objet de l'observation des hommes pratiques. Si quelquefois il vous arrive de ne point trouver dans le courant de ces lignes des pensées qui concordent parfaitement avec vos sentiments, je sais d'avance que vous ne blâmerez point le mobile qui m'a guidé.

Il m'aura suffi que vous ayez lu avec quelque intérêt ces pages écrites par le fils de celui qui fut votre meilleur ami.

Votre cousin dévoué,

G. LARRAMET,

AVOCAT.

Toulouse, le 24 Juillet 1879.

UTILITÉ

DES

TRAITÉS DE COMMERCE

PAR

G⁰ⁿ LARRAMET

AVOCAT

—+—

> Grâce à l'échange, l'être fort peut,
> jusqu'à un certain point, se passer de
> génie, et l'être intelligent de vigueur :
> car par l'admirable communauté qu'il
> établit entre les hommes, chacun parti-
> cipe aux qualités instructives de ses
> semblables.
>
> F. BASTIAT, *Œuvr. complètes.—*
> *Harmonies économiques.*
> sixième édition — page 107.

TOULOUSE

IMPRIMERIE LITHOGRAPHIQUE ET TYPOGRAPHIQUE P. RIVIÈRE ET Cⁱᵉ

15, Boulevard Riquet, 15

—

1879

PRÉAMBULE

Parmi les nombreuses tendances qui se manifestent aujourd'hui, nous citerons celle qui consiste à se rallier soit au libre-échange soit au régime protectionniste, suivant que l'on appartient à telle ou telle opinion politique. Il n'est pas rare en effet, d'avoir affaire à des hommes très recommandables et d'une haute probité qui, sans donner à l'appui de leurs affirmations en pareille matière une raison sérieuse, affichent hautement leurs préférences. Cela se produit uniquement parce que le parti politique auquel ils appartiennent a dans son sein un plus ou moins grand nombre de gens rangés à telle ou telle théorie sur le commerce et l'industrie et sur le régime auquel on doit les astreindre.

D'autres moins suspects d'ignorance, mais plus égoïstes et non moins acharnés, invoquent, avec une naïveté que nous sommes heureux de constater, le dommage que va leur causer telle ou telle décision que pourraient prendre les Chambres ; et, peu soucieux de la dignité du pays et de ses intérêts commerciaux et industriels, peu inquiets du sort malheureux qui pourrait être fait au plus grand nombre, ne fondent leurs opinions et leurs déclarations que sur des principes dont la source, si nous la recherchons, est puisée dans leurs propres intérêts.

Combien, cependant, nous paraît blâmable la conduite et la manière de voir de ces hommes qui donnent ainsi au public l'exemple de la partialité la plus grande, alors qu'ils n'hésitent pas à faire primer l'intérêt de tous par l'intérêt privé !

Aussi n'avons-nous point à le dissimuler, nous n'écrivons pas pour ceux dont nous venons de parler, tous ou à peu près non susceptibles de conversion, parce que le parti-pris se dérobera toujours à l'action bienfaisante du raisonnement et de la logique.

Nous nous adressons ici à ceux qui, au point de vue positif et pratique, appliquent leur intelligence à l'étude de ces questions d'un ordre élevé, de ces question qui demandent, pour être traitées et étudiées avec fruit, l'esprit de recherche et des aptitudes diverses. Nous nous adressons particulièrement à ceux qui, animés de ce souffle puissant que seul peut donner le patriotisme joint au sentiment de l'intérêt général du pays, vont en avant et veulent avec ardeur suivre droit devant eux sans s'inquiéter des ornières de la route ; à ceux qui, abordant franchement et sans arrière-pensée la discussion, ne se laisseront arrêter que quand la voix du devoir leur aura dit : Là était le but à poursuivre ; vous l'avez atteint.

I

Au moment où paraissent ces lignes, le pays
tout entier est légitimement préoccupé de la solution que va recevoir la question des traités de
commerce.

Les traités sont dénoncés, et pour laisser aux
Chambres le temps et le soin de discuter le Tarif
général des Douanes, on a dû faire des conventions provisoires qui ont succédé aux traités de
commerce de 1860. Ces conventions sont expirées
à cette heure, et, le temps faisant défaut afin de pré-
parer sérieusement de nouveaux traités, il a fallu
prolonger ces mêmes conventions, et ainsi mûrir,

par des travaux préparatoires, le fonctionnement d'une nouvelle vie commerciale.

Il faut nécessairement sortir de cette impasse, et au plus tôt. Tout le monde est d'accord sur ce point, et libre-échangistes et protectionnistes demandent à grands cris que l'on mette fin à cet état de choses et que l'on comble l'attente impatiente de tous en établissant une situation qui ait un caractère sérieux et définitif.

Nous n'exagérons rien en disant que le pays tout entier est intéressé à cette question grosse de périls et d'orages. Non-seulement la vie industrielle du pays en dépend, mais sa situation politique est aussi engagée à cause des relations que, par le commerce, chaque nation se crée avec les nations voisines. Et, si nous demandons aux législateurs, nos mandataires, de pourvoir à ces besoins avec le soin minutieux qu'ils exigent, c'est que nous serions heureux de voir le provisoire cesser pour le pays, et que nous souhaiterions ardemment de le voir remplacé par une organisation établie sur des bases solides, afin que désormais nous ne soyons plus livrés à la merci des États voisins ou même à nos propres caprices.

La lutte est engagée sur toute la ligne, et chacun use de ses armes avec l'autorité qui lui appartient. Les champions de l'une et l'autre des théories en litige ne veulent rien se céder chaque fois qu'ils se trouvent en présence. Il n'est pas de jour où la presse ne parle soit des nouveaux projets de traités, soit des tarifs de Douane, soit aussi de l'enquête qui a lieu en ce moment; et les feuilles spéciales traitent ces divers sujets avec une ardeur tous les jours renouvelée et tous les jours croissante.

Qui donc va découvrir le moyen de s'entendre? Jusqu'ici nous ne voyons que controverses, luttes acharnées et intérêts privés avec leurs convoitises excluant l'intérêt général.

Si notre faible voix était capable d'arriver jusqu'à nos représentants, nous leur dirions à satiété : de grâce, Messieurs, donnez-nous de la stabilité; finissons-en une bonne fois avec ces conflits; pesez dans la balance de votre justice tous ces intérêts qui sont en jeu et ne laissez point entraver votre action par les cris et les plaintes d'un petit nombre très respectable assurément, mais qui ne peut cependant point exiger que l'on fasse passer ses intérêts avant l'intérêt de tous. Donnez-nous une œuvre qui soit achevée et que nous n'ayons plus désormais le triste et pénible spectacle de dangers passés peut-être aujourd'hui, mais qui renaîtront sûrement demain, selon que les hommes d'État que la fortune mènera au pouvoir guideront dans tel ou tel sens la marche des affaires.

On aurait été tenté de croire qu'après l'essai des traités de 1860, qui étaient un acheminement vers le libre-échange, (*) tout le monde se serait ravisé, et qu'une fois les premières émotions passées ce mouvement aurait rallié à lui non-seulement les hésitants, mais encore ceux qui jusqu'alors avaient été ses adversaires les plus

---

* Cette formule *libre-échange* ne date que de 1846, et M. Joseph Garnier fut, si nous ne nous trompons, le premier à s'en servir; elle est la traduction de *free trade* mis en honneur en Angleterre par la célèbre *Ligue de Manchester* créée pour combattre les lois des céréales, et est synonyme de *liberté du commerce* ainsi que du fameux *laissez-passer* des économistes du dix-huitième siècle, tant calomnié et si peu compris. *Libre-échange, liberté des transactions, liberté des échanges,* sont autant de synonymes ou de formules à l'usage des économistes qui expriment toutes un des principaux aspects de la *liberté du travail.*

acharnés. Un assez grand nombre, il est vrai, ont
été ramenés ; et ce qui peut surprendre, c'est que
ce ne soit pas la masse des industriels ou des
commerçants qui ait été convaincue des avantages
immenses qui doivent résulter pour une nation de
l'application de ces principes admis non-seulement par la théorie en économie politique, mais
dont l'expérience est venue et vient encore tous
les jours confirmer les fructueux effets.

Rien d'éloquent et de probant tout à la fois
comme les chiffres. Prenons donc les statistiques ;
lisons dans les tableaux comparatifs d'importation
et d'exportation ; étudions les résultats donnés
avant 1860, et depuis cette époque jusqu'à ce jour.
Suivons la marche graduelle et toujours ascendante du travail accompli, des objets fabriqués et
de leur nombre ; portons nos regards sur le sort
des ouvriers sensiblement amélioré. Après avoir
étudié les causes, analysons les effets, et nous
avons la ferme persuasion que la raison sera for-
cée de se soumettre devant les preuves et les
chiffres que nous allons publier.

Mais avant, toutefois, d'aborder d'une manière
définitive ce point de notre étude, nous nous livre-

rons à quelques considérations, indispensables pour un travail de cette nature.

En effet, avant de toucher à la question des traités de commerce que nous voulons comparer aux lois des douanes, n'est-il pas essentiel que nous nous demandions avec conscience qu'est-ce qui pourra donner à une nation, de la force, de la grandeur et le bien-être ou la richesse ?

Ce ne sera certainement pas la guerre, avec les déplorables résultats qu'elle entraîne : perte d'hommes, d'argent et d'objets destinés au commerce.

Quant à nous, envisageant la situation d'un pays avec le patriotisme qui nous est propre, nous n'hésitons pas à déclarer qu'une nation sera forte, grande, riche, à condition qu'elle s'imposera à l'admiration de tous par la noblesse et l'élévation de son caractère national. Elle sera forte quand les nations voisines craindront de troubler par des caprices ou des mesquineries une paix précieuse au point de vue de leurs intérêts et de leur vitalité ; elle sera grande quand, par l'extension de ses rapports commerciaux, elle rayonnera sur le monde et excitera l'admiration qu'aura fait naître sa facilité à se créer des relations commerciales et industrielles. Une nation sera grande quand, recevant dans ses ports les produits de l'étranger, elle pourra montrer à son tour qu'elle ne redoute pas la concurrence et qu'elle exporte aussi des produits similaires, souvent d'une fabrication perfectionnée quoique en plus grand nombre, et chose plus remarquable encore, qu'elle opère la vente de ses produits à des prix moins élevés que ceux qui sont importés chez elle.

Enfin, une nation sera riche et aura le bien-être, quand elle aura su briser les entraves qui liaient étroitement son commerce; quand à la multiplicité de la production se joindra la facilité des ventes et des échanges, quand surtout le travail, loin de diminuer dans l'atelier, n'aura fait que croître à raison des besoins et des demandes plus nombreuses, au fur et à mesure qu'une énergie soutenue aura présidé avec le goût à la confection de ses produits. N'oubliez pas que de tout temps le commerce a été considéré comme un instrument de civilisation, parce qu'il opère le rapprochement des hommes et des choses: des hommes par les choses, des idées par les hommes.

II

Ces réflexions faites , nous devons nous appliquer à rechercher le moyen, le meilleur et le plus aisé, d'arriver à atteindre le but qui constitue pour une nation l'idéal le plus parfait et l'objectif qu'elle doit sans cesse s'obstiner à poursuivre.

Or, en jetant un coup d'œil en arrière, et en étudiant les résultats produits, soit avant, soit après les traités de 1860, que voyons-nous ? Les chiffres parlent pour nous et nous les donnons dans toute leur exactitude :

Année qui précède le traité :

1859 : Importation et exportation, 3,907 millions.

Après le traité :

1865 : Importation et exportation, 5,730 millions.
1869   —   —   6,228   —
1873   —   —   7,342   —
1874   —   —   7,625   —

Voilà donc comment s'est élevé graduellement le commerce spécial de la France depuis la réforme commerciale : de 3 milliards 907 millions à 7 milliards 625 millions, soit un accroissement de trois millards 718 millions ou de 95 pour 100. (*)

Le doute est-il donc possible en face de semblables preuves, et pense-t-on que les tarifs de douane, s'ils eussent été remplacés par le régime

(*) Chiffres relevés par M. Wolowski : *La Liberté commerciale et les résultats des Traités de commerce de 1860,* page 22.

des traités, eussent donné un résultat aussi satis-
faisant.

Nous n'avons pas à reculer devant un aveu qui
ne saurait nous coûter et nous dirons sincèrement
que nous sommes partisans de toute mesure pou-
vant nous rapprocher du libre-échange, et cela
dans les conditions les plus larges; mais nous
admettrons pour le moment un tempéramment à
cette règle que nous espérons voir suivre jusqu'à
ce que nous soyons arrivés à la réalisation complète des théories appliquées à la liberté commerciale.

Et si nos goûts et nos préférences nous portent
vers ces idées, c'est qu'il nous paraît que le pays
a beaucoup à gagner à ce que ces principes soient
mis en pratique. Néanmoins, nous sommes actuellement d'avis que l'on doit être sage et prudent,
et n'entrer dans cette voie que d'un pas mesuré,
afin de ne froisser aucun des intérêts en jeu, pour
si minimes qu'ils soient; c'est-à-dire que nous
souhaitons le maintien du *statu quo*, malgré la
conviction profonde que nous avons relativement
aux résultats de l'enquête, qui seront pleinement
favorables aux principes que nous voudrions voir

triompher. Ce sera certainement, dans les siècles futurs, l'honneur de l'économie politique d'avoir préparé cette heureuse et féconde transformation des esprits et des choses, par des efforts commencés vers le milieu du dix-neuvième siècle et continués avec persévérance et désintéressement au milieu de récriminations incessantes.

La France, depuis quelques années, est sous le coup d'une crise violente qui n'a pas plus épargné les autres nations. Cette crise a été prévue aussitôt qu'après la guerre néfaste de 1870-71 le monde commercial se jeta avec exagération dans le double courant qui l'entraînait avec rapidité. D'un côté, l'avidité de la demande se faisait sentir ; de l'autre, cette orgie de production continuant, finit par accumuler des richesses en si grand nombre que, par suite de l'encombrement, ces mêmes richesses furent dépréciées dans leur valeur et que la vente cessa.

S'abandonnant alors à une sécurité un peu trop grande, on remplit les magasins épuisés par deux années d'un terrible chômage, et aujourd'hui encore nous payons bien cher les enivrements de ces moments de production exagérée. Mais l'Eu-

rope, que dis-je, le monde entier a subi le contre-
coup violent qui a résulté de ce mouvement, et
cette crise effrayante s'est étendue à toutes les
nations. Il en est à coup sûr qui ont été plus sérieusement atteintes que la France, et pour ne
parler que de l'Angleterre et surtout de l'Allemagne, ne voyons-nous pas la misère qui s'est abat-
tue sur cet empire? Après même qu'il a reçu nos
milliards — chose surprenante — voilà un pays
plus pauvre que nous, les rançonnés et les mu-
tilés!

Il ne faut cependant pas se laisser aller au dé-
couragement et perdre l'espoir de voir renaître
pour le pays l'ère des prospérités. Malgré les souffrances avérées de certaines industries et de l'agriculture en particulier, il n'est pas possible que
cette situation dure plus longtemps. Et pourtant
nous en sommes à nous demander si, par les
tarifs des Douanes, au lieu de l'améliorer, nous
ne l'aggraverions pas considérablement.

En effet, nos adversaires, remplaçant les traités
par un tarif général des Douanes, ne manqueraient
pas de mettre en pratique certaines clauses qu'ils
ont proposées et qui renferment des relèvements

de droits dont quelques-uns équivaudraient à des prohibitions.

Au reste, *prohibition* et *protection* sont synonymes, et cela est démontré d'une manière irréfutable dans une lettre adressée par M. A. d'Eichthal, président de l'Association pour la défense de la liberté commerciale et industrielle, à M. Joseph Garnier, sénateur, un des vice-présidents de la même Association (¹). Cette lettre se termine par ces mots : « Droits compensateurs, droits protec-« teurs, veulent dire même chose. Il n'y a de pro-« tection que la prohibition. Tel, qui trompé par « le mot, aurait voté la protection, repoussera la « prohibition. »

M. Thiers avait redouté la crise que nous traversons, car il n'en est pas des crises commerciales et industrielles comme des crises politiques. Ces dernières peuvent être subites, violentes, parfois ressembler à un pur fait accidentel ; les autres on peut, et plus encore, on doit les prévoir. M. Thiers avait vu venir de loin cette crise et il n'avait pas eu de moyen efficace pour nous en préserver comme il l'avait fait pour la crise monétaire, à laquelle nous avons échappé grâce à son esprit éminemment sagace. Et si à une époque nous avons payé le change de l'or un taux assez élevé, nous en avons été quittes, nous, avec un malaise, tandis que d'autres ont eu la crise aiguë. Cependant, n'était-ce pas à la France qu'était échue la carte à payer?

III

Au milieu de toutes les plaintes qui se faisaient entendre, il n'était point aisé de trouver un remède, et quand d'un côté au Sénat, et de l'autre à la Chambre, le parti protectionniste a eu provoqué deux enquêtes, il a cru avoir fait beaucoup. Mais à quoi bon ces enquêtes? Cette crise, personne ne l'ignore à cette heure. Pourquoi donc vouloir la faire constater? Pourquoi mesurer son degré d'intensité? Mais tout cela était parfaitement connu et point n'était besoin de tâter ainsi le pouls à l'opinion déjà suffisamment surexcitée par les polémiques de la presse.

Nombreuses ont été les ruines, terribles ont été les désastres commerciaux ; il fallait s'y attendre. Ce n'est point en vain qu'une nation se livre ainsi avec une confiance aveugle à une production exagérée, fruit d'une activité aussi exagérée. Pensez-vous donc que la vapeur n'ait pas produit de ruines et de désastres, et plusieurs branches du commerce et de l'industrie n'ont-elles point subi les atteintes cruelles résultant de ces innovations, si favorables pourtant à l'essor de la fabrication, de la production et de la vente ? Le phylloxera en produit à son tour aujourd'hui, et nombreux sont les viticulteurs qui riches hier, n'ont à présent que des terrains improductifs et dont le revenu ne peut suffire à payer les frais d'exploitation.

Dans le discours que prononça M. Jules Simon à la réunion du théâtre du Château-d'Eau, convoquée le 16 février 1870 par l'association organisée pour la défense de la liberté commerciale, il résuma la question que nous essayons de traiter. Après avoir exposé l'état de malaise dans lequel nous nous trouvions à ce moment et qui dure encore, il parla des enquêtes dirigées par les protection-

nistes et des résultats qu'elles devaient donner.
Enfin, portant la question sur son vrai terrain, il
divisa les déposants de l'enquête en trois catégo-
ries bien distinctes : 1° les protectionnistes ; 2° les
résignés, et 3° les libre-échangistes.

— Dans la *première*, il ne trouve que deux
industries ; la filature de coton, représentée par
44,000 ouvriers et donnant comme chiffre de production 300 millions, et en second lieu, l'industrie
du lin, qui emploie 52,000 ouvriers et produit 300
millions. Voilà donc une classe représentant dans
l'enquête 106,000 ouvriers et donnant 600 millions
de produits.

— Dans la deuxième classe, celle des *résignés*,
on rencontre les diverses industries de la houille,
du fer, des produits chimiques, des cuirs et des
peaux.

La houille produit 275 millions de francs avec
108 mille ouvriers.

Le fer, avec 80,000 ouvriers, produit 420 millions de francs.

Les produits chimiques nous donnent comme
résultat 120 millions de francs avec 25,000 ouvriers ;
et enfin, avec les cuirs et les peaux, nous attei-

gnons le chiffre de 400 millions de francs et nous enregistrons celui de 25,000 ouvriers.

Le total pour ce groupe des résignés sera donc de 238,000 ouvriers et de 1,215 millions pour sa production. N'oublions pas toutefois que cette classe est celle qui demande à ce que nous conservions le *statu quo*.

— Quant au *troisième* groupe, qui est celui des *libre-échangistes*, il compte dans son sein le tissage des cotons, l'industrie de la laine, de la soie et de la confection de l'article de Paris.

Ces diverses industries ont été entendues dans l'enquête, et il est curieux de se rendre compte de ce que chacune d'elles représente soit comme nombre d'ouvriers, soit comme chiffre de production.

Les tissus de coton emploient 70,000 ouvriers et représentent 500 millions de production.

L'industrie de la laine occupe 96,000 ouvriers et représente 1 milliard 400 millions de production.

Celle de la soie, 700,000 ouvriers et 900 millions de production.

L'industrie de la confection, qui suit une mar-

cho ascendante, représente à l'heure actuelle,
1,200,000 ouvriers et une production de 1 milliard
400 millions.

L'article de Paris emploie 37,000 ouvriers.
M. Jules Simon, dans son discours, a dit : qu'on
n'avait pu lui fournir le chiffre exact de sa production, mais, dit-il : « Je suis certainement bien
« près de la vérité en l'évaluant à plus de 500
« millions. »

Nous trouvons donc comme total, dans cette
classe, 2,103,000 ouvriers et 4 milliards 700 millions de production.

Ce dernier groupe est de beaucoup le plus fort
et le plus nombreux en même temps que le plus
productif.

IV

Nous avons cependant à nous occuper d'une classe très importante qui est celle des agriculteurs et qui compte 18 millions 500 mille personnes, hommes, femmes, enfants, propriétaires ou salariés, produisant 7 milliards 500 millions.

Si nous demandons aux agriculteurs leur opinion en semblable matière, nous ne recueillons rien de bien précis, et avec eux nous nous trouvons en présence du chaos et de la confusion. Si, parmi ceux auxquels nous nous adressons, il s'en trouve qui soient partisans du régime prohibitif pour les blés étrangers, leur embarras est grand quand nous les prions de nous fournir les moyens de les protéger d'une manière efficace. Ils n'ignorent pas qu'un gouvernement, quel qu'il soit, ne peut recourir à la prohibition quand il s'agit du blé, et que la concurrence américaine dont nous sommes menacés avec les grandes terres d'Amérique n'est pas une raison suffisamment puissante pour déterminer l'emploi de moyens aussi énergiques.

« Il n'est pas possible, a dit M. Jules Simon « dans son discours du 16 février 1879, de faire « par la loi la cherté du pain. On est obligé de lais- « ser le blé entrer et sortir librement, parce que « l'humanité le veut. » (¹)

---

* Nous croyons instructif pour le lecteur de placer sous ses yeux l'extrait d'une note officielle relative aux récoltes :

Pendant l'année 1878, le nombre d'hectolitres de froment récoltés sur la totalité des terres ensemencées en France s'est élevé à 95,270,000.

Le chiffre des blés importés en France pendant la même année a été de 15,853,062 quintaux métriques.

C'est l'Amérique, dont la récolte fut exceptionnelle, et la Russie, où deux récoltes s'étaient accumulées à cause de la guerre d'Orient, qui ont fourni le plus large contingent à nos importations.

L'importance des expéditions de blés d'Amérique a aug-

N'avons-nous pas l'exemple de la loi des céréales en Angleterre, et de la nécessité où l'on fut réduit de l'abolir? Qui n'a point lu dans F. Bastiat les péripéties de cette lutte qui prit à un moment donné des proportions considérables? Qui donc ignore le nom de ce grand ministre, Robert Peel, dont le souvenir est resté gravé dans le cœur des popu-

menté le malaise causé dans notre agriculture par l'insuffisance de la récolte, mais nous croyons qu'il ne faut pas s'exagérer la portée de cet événement au point de vue de l'avenir.

En effet, les cultivateurs américains ont cédé leur blé à des prix tellement réduits qu'il doit leur rester bien peu de profit à ensemencer dans ces conditions, et, avec une ou deux autres récoltes aussi abondantes et des prix aussi bas, il n'y aurait peut-être pas lieu pour notre agriculture de les envier.

Enfin, les consommateurs français auraient dû subir des cours très élevés si la récolte d'Amérique et celle de Russie n'étaient venues compenser le déficit de la nôtre.

Avec les 95,270,000 hectolitres récoltés l'année dernière, notre production ne se serait pas sensiblement écartée d'une bonne moyenne, si le poids et la qualité des blés n'avaient pas laissé beaucoup à désirer. Malheureusement on a, de ce côté, éprouvé les plus graves mécomptes. Le poids du froment de première qualité n'a pas dépassé, en moyenne, pour la France, 77 kilogrammes 30 par hectolitre. Si l'on considère que la moyenne est ordinairement de 80, on voit combien a été grand le déficit.

Ces faits expliquent la quantité exceptionnelle de blés que nous sommes obligés de demander, cette année, à l'étranger, et qui accroît le chiffre déjà très élevé de nos importations.

lations d'Angleterre, et cette date de 1846, époque
à laquelle la *Ligue* triompha des résistances qui
s'étaient jusqu'alors produites au sein du Parlement? Enfin est-il possible que W. Fox, Gibson,
James Wilson, Spencer, Bright et Richard Cobden, le plus illustre de tous ces hommes, aient
ainsi combattu en faveur de la cause de la liberté
commerciale pour la satisfaction d'un sentiment
purement platonique, et au contraire ne devons-
nous pas puiser dans ces leçons un enseignement
utile pour la crise que nous-mêmes traversons en
ce moment?

Dans un discours que M. Cobden prononça
à Manchester en 1842, parlant des progrès
accomplis par la *Ligue* et des plans ultérieurs de
cette puissante association, il dit en termes élo-
quents :

« Fonder la liberté commerciale, c'est fonder
« en même temps la paix universelle, c'est relier
« entre eux, par le ciment des échanges récipro-
« ques, tous les peuples de la terre ; c'est rendre
« la guerre aussi impossible entre deux nations
« qu'elle l'est entre deux comtés de la Grande-
« Bretagne. On ne verra plus alors toutes ces

« vexations diplomatiques, et deux hommes, à
« force de protocoliser, par un combat de dexté-
« rité entre un ministre de Londres et un ministre
« de Paris, finir par envelopper deux grandes na-
« tions dans les horreurs d'une lutte sanglante. On
« ne verra plus ces monstrueuses absurdités, alors
« que dans ces deux grandes nations, unies comme
« elles le seront par leurs mutuels intérêts, chaque
« comptoir, chaque magasin, chaque usine, devien-
« dra le centre d'un système de diplomatie qui
« tendra à la paix, en dépit de tout l'art des hom-
« mes d'Etat pour faire éclater la guerre. » Ce
passage du discours de l'orateur fut suivi d'applaudissements prolongés et frénétiques Et certes ce
serait méconnaître la noblesse de pareils sentiments que de ne pas se ranger aux idées développées
avec tant de talent par cet illustre orateur. A lui,
du reste, revient l'insigne honneur d'avoir combattu vaillamment dans cette lutte à la tête de la
Ligue et d'avoir, par le talent remarquable qu'il
déploya au service d'une si belle cause, aidé au
triomphe du parti dont il était le chef.

Qu'ajouter après ces paroles qui remplirent
d'un enthousiasme indescriptible la nombreuse

assistance qui les entendait? Que sera notre faible voix après celle de Cobden ? —

Le mot *protection*, avec les promesses qu'il semble renfermer, séduit les agriculteurs. Mais qu'est-ce donc que la protection sinon « une « mesure par laquelle on interdit au producteur « national les marchés étrangers, au moins dans « une certaine mesure, lui réservant en compen- « sation le marché national. » (*)

Et quel est le résultat produit par l'application de ce principe le jour où se manifestent les premiers symptômes de famine ? La théorie protectrice s'évanouit alors et la porte s'ouvre nécessairement aux blés étrangers. N'est-ce point une théorie fausse que celle qui, reposant sur une méprise, considère dans chaque produit, non point son utilité pour la consommation, mais son utilité

(*) Œuvres complètes de F. Bastiat, t. 2, troisième édition, p. 39, *Inanité de la protection de l'agriculture.* — 31 janvier 1847.

pour le producteur ? On nous dira : le fer n'est-il pas utile en ce qu'il procure du travail aux maîtres de forge ? Mais de même le blé est utile en ce qu'il procure du travail au laboureur. L'absurde pétition de principe qui se trahit dans cette position de la question n'est pas difficile à combattre, et elle est démasquée dès que le besoin des produits agricoles se fait sentir, comme dans le cas de famine que nous citions plus haut. D'ailleurs, la protection quant aux céréales ne doit-elle pas être considérée comme illusoire ?

« Si la récolte est bonne, dit F. Bastiat, il
« n'y a pas à craindre l'invasion des blés
« étrangers et notre loi stipule la protection,
« mais ne l'opère pas. Quand la récolte manque,
« c'est alors que l'introduction du blé étranger est
« provoquée par la différence des prix ; c'est
« alors aussi que le principe de la protection, qui
« consiste à voir l'utilité des choses au point de
« vue du producteur national, c'est alors, disons-
« nous, que ce principe devrait dominer notre
« législation. — Et c'est précisément alors qu'il
« la déserte. Pourquoi ? parce que ce principe est
« faux, et que le cri de la faim fait bientôt pré-

« valoir la vérité du principe contraire, l'intérêt
« du consommateur »

Quant au jeu de *l'échelle mobile*, qui n'a été pra-
tiqué que pour le blé, parce que c'est la seule
chose où la vérité des principes ait triomphé des
préjugés protectionnistes, nous trouvons la raison
de son existence dans l'indifférence des popula-
tions qui laissent faire quant à certains produits
dont elles peuvent se passer, mais qui agissent autrement vis-à-vis du blé qui leur est indispensable. Aussi, que penser de cette protection
pour le blé qui ne s'opère que dans les années
d'abondance. Ne vaudrait-il pas mieux dire qu'il
n'est pas protégé du tout. — Il ne faudrait avoir
que la *justice* pour base d'une bonne politique.

La France d'ailleurs, ne récolte pas seulement
le blé, mais aussi le vin, la soie, les légumes, le
bétail, les fruits. Ce sol qui produit de grandes
richesses agricoles, vous croyez peut-être qu'il a
de la peine à fournir aux besoins de notre consommation nationale ? Si vous voulez vous en rendre
compte, nous prendrons, dans les statistiques, une
année, une seule, l'année 1877 qui a donné une
mauvaise récolte.

Dans cette année, exceptionnellement malheu-
reuse, au point de vue des résultats obtenus, la
France a *importé* en produits agricoles servant à
l'alimentation, pour une valeur de 1 milliard 37
millions, et elle a *exporté* de ces mêmes produits
pour une valeur de 1 milliard 780 millions ; balance
en notre faveur, 743 millions.

Que serait-ce donc si nous eussions pris une
année moyenne ! Et nous n'aurions pas le droit
de dire que les agriculteurs ont eux-mêmes intérêt à soutenir nos doctrines ! Que si quelques-uns
voient avec peine s'implanter chez nous les principes que nous défendons, c'est qu'ils ne savent
point se diriger dans la tenue de leurs petites
exploitations et qu'ils ne suivent pas une règle
que leur intelligence ou leur intérêt devrait leur
tracer. —

Quant à la production de la viande, sans vouloir à aucun prix froisser les éleveurs, nous leur
dirons qu'ils raisonnent à faux quand ils essaient
de montrer la nécessité qu'il y a de les favoriser,
en les protégeant.

N'est-ce donc pas pour fournir des aliments
à la consommation que les éleveurs se livrent à
cette production ? Mais alors il faudrait pousser
l'inconséquence jusqu'à commencer de restrein-
dre la consommation des aliments, sous prétexte
d'en protéger la production. Et nous ne croyons
pas exagérer en disant que protéger le travail
national qui a pour objet la production de la
viande, serait une chose non-seulement contradic-
toire, mais une mesure injuste, parce que favoriser
dans ce sens l'agriculture, ce serait certainement
réduire très considérablement l'alimentation d'un
très grand nombre d'individus.

Et quand les revendications des protectionnistes agricoles s'attaquent à la viande de boucherie,
cet aliment non moins indispensable que le blé,
nous devons considérer leurs réclamations au
point de vue de l'augmentation des droits de
Douane qu'ils voudraient imposer, et qui se ré-
soudrait pour le consommateur en une augmentation du prix d'achat.

Nous avons vu des comices agricoles demander,
comme la chose la plus simple du monde, un droit
fixe de 30 francs par tête sur les animaux de l'es-

pèce bovine et un droit analogue de 3 francs sur les moutons étrangers, et repousser comme insuffisant et désastreux le nouveau projet de tarif général, qui est cependant plus élevé que le tarif actuellement en vigueur, puisqu'il propose 6 francs au lieu de 3 francs 50, sur les bœufs et les taureaux; 2 francs, au lieu de 1 franc 20, sur les vaches, et 50 centimes, au lieu de 30 centimes, sur les béliers, les brebis et les moutons. Ce n'est pas de la protection ou du libre-échange qu'il s'agit ici, mais d'une question d'un ordre plus élevé.

Il est hors de doute que la vigueur physique de l'homme se développe avec d'autant plus de force qu'il se nourrit mieux. Plus un peuple se nourrit bien, plus il produit et plus il est riche. C'est là un axiome admis par tous en économie politique. Sans demander que l'on autorise en France la libre entrée des animaux de boucherie, nous voudrions tout au moins que l'on s'en tînt strictement à des tarifs très légers pour ne pas élever d'une manière sensible les prix de revient. Les droits proposés dans le nouveau projet de tarif des Douanes constituent, selon nous, le maximum des con cessions que l'on puisse faire sans danger aux doctrines protectionnistes.

Voici, du reste, en quels termes parlent ceux que nous combattons : « L'Amérique, disent-ils, nous rend la concurrence impossible avec ses bœufs et ses salaisons. Ce sera bien pis demain, quand entreront dans nos ports ces flottes de bateaux à vapeur-étables tant de fois annoncés, et qui jetteront sur les marchés d'Europe des centaines de milles têtes de gros bétail vivant ou leur équivalent en viandes fraîches ou salées. »

Mais c'est une véritable énigme que cette question de la viande de boucherie. Jusqu'ici l'avilissement des prix a toujours été considéré, en effet, comme l'indice de l'abondance d'un produit. « Mais hélas ! s'écrie un journal (*) auquel nous empruntons quelques-unes de ces considérations, que nous sommes loin de cet âge d'or de la viande à bon marché rêvé par les hygiénistes et les philanthropes ! »

(*) *Le National.*

Ainsi continue de s'exprimer cette feuille : « Le ministre de la guerre, qui cherche nécessairement à se procurer les bœufs au meilleur marché posble, pour l'alimentation de nos soldats, se trouve tous les jours en présence d'une augmentation croissante qui l'oblige à demander des crédits plus élevés. Les ménages d'ouvriers, qui, eux, n'ont pas cette ressource des crédits supplémentaires, en sont arrivés à ne plus manger de la viande qu'une ou deux fois par semaine. Et dans une famille qui se compose de quatre ou cinq personnes, que peut-on donner à chacun, lorsque dans la livre de viande le boucher fait impitoyablement entrer un quart d'os, sous prétexte que, ayant acheté la bête avec les os, il doit la débiter dans les mêmes conditions ? »

Que ceux qui consomment habituellement de la viande de boucherie osent dire que nous sortons de la vérité ! Mais dans les plus petits villages, où le monopole de la boucherie est exercé par un ou deux individus, il est honteux de voir à quel point le consommateur est sujet à l'exploitation par rapport à ce produit de l'alimentation.

Voulez-vous que nous vous citions encore quel-

ques lignes du même journal dans un article inti-
tulé : *La viande* : « La statistique, dit-il, constate
que le prix de la viande de boucherie, après être
resté à peu près stationnaire de 1810 à 1840, a
subi, depuis cette dernière année, une augmentation successive qui dépasse 70 pour cent. La consommation a augmenté également, sans doute,
mais comme la population s'était accrue en même
temps de plus d'un tiers, il en résulte que la consommation par individu n'a augmenté depuis 1840
que de la faible quantité de 4 kilogr. par an. La
consommation moyenne par tête est actuellement,
en France, 23 kilogr. environ : 46 livres de
viande par an et par individu ! » Et il se trouverait
après cela des partisans d'un régime qui tendrait
à modifier une situation aussi déplorable et qui
considérerait l'entrée des viandes étrangères comme
une calamité nationale ! Les gouvernements doivent se tenir en garde contre de telles allégations
et éviter avec un soin extrême toutes les mesures
fiscales ou autres, dont l'effet serait d'aggraver les
conditions d'existence des classes laborieuses. Il
est des circonstances où les intérêts particuliers,
si respectables qu'ils puissent être , doivent

fléchir devant l'intérêt général.

Montesquieu (*) n'en a pas jugé autrement dans l'*Esprit des Lois*, et il s'exprime de la sorte : « Ainsi le prince ou le magistrat ne peuvent pas « plus taxer la valeur des marchandises qu'établir « par ordonnance que le rapport d'un , dix est égal « à celui d'un à vingt. Julien (**) ayant baissé les « denrées à Antioche, y causa une affreuse fa-« mine. »

Nous ne voudrions pas cependant paraître trop exclusifs ; que les agriculteurs producteurs de blé ou producteurs de viande ne croient pas que nous ayons l'intention de pousser les choses à l'extrême. Quand nous posons un principe, nous ne voulons pas nous dérober devant les consé-quences qu'il peut entraîner, et nous sommes déci-dés à les subir. Mais il ne saurait entrer dans notre manière de voir d'être généreux à outrance, et ce

(*) *Esprit des Lois*, tome 3, liv. XXII, chap. VII. Comment le prix des choses se fixe dans la variation des richesses de signe.

(**) *Histoire de l'Eglise*, par Socrate, liv. II.

serait nous départir de la ligne de conduite que nous voulons suivre, si nous nous engagions ainsi imprudemment dans cette voie.

Nous ne devons pas hésiter en face de l'étranger, et nous devons exiger de lui des procédés de réciprocité. Car si nous sommes disposés à lever chez nous les barrières douanières, que les nations qui entretiennent des rapports commerciaux avec la France sachent bien qu'elles doivent, de leur côté, ouvrir largement leurs portes devant nos produits. Bien plus, nous demanderons que l'on soit prudent outre mesure, afin d'éviter les erreurs commises par le passé, et que si l'Angleterre diminue ou supprime, par exemple, des tarifs sur nos vins à leur entrée dans ses ports, nous conseillons que l'on se méfie que ces droits ou ces tarifs ne reparaissent sous une autre forme et ne soient perçus par les octrois des villes.

La France a toujours ou presque toujours payé si chèrement ses conquêtes, ses gloires et ses triomphes, qu'on aurait pu les comparer parfois à des revers, si notre amour-propre et notre orgueil national eussent permis ce retour sur nous-mêmes. Mais qu'on ne s'y trompe point, si grandes que

soient nos sympathies pour les théories du libre-
échange, si forte que soit notre aversion pour les
théories protectionnistes, nous ne nous sentons
point disposés à devenir des dupes soit avec l'Angleterre, soit avec l'Amérique qui inonde nos marchés de ses produits aussi nombreux que variés.
Et que cette nation ne pense pas que nous puissions
tolérer indéfiniment l'entrée de ses marchandises
avec des droits dérisoires, à côté du sort particulièrement défavorable qu'elle fait à nos produits, au
point de vue de l'application de ses taxes et de
leur exagération. Que deviendrait donc alors la
libre concurrence?

Dans l'*Esprit des Lois*, Montesquieu, tome second,
liv. XX, chap. IX, traite de l'exclusion en fait de
commerce, et nous reproduisons encore ici une
de ses pensées :

« C'est la concurrence, dit-il, qui met un prix
« juste aux marchandises et qui établit les vrais rap-
« ports entre elles. Encore moins un État doit-il
« s'assujettir à ne vendre ses marchandises qu'à une
« seule nation sous prétexte qu'elle les prendra
« toutes à un certain prix. »

Ne serait-ce pas une honte si nous souffrions

ainsi que notre commerce soit tenu en échec par une nation qui n'userait point avec nous de procédés équivalents ?

Avant tout, nous sommes patriotes, et parce que tel ou tel pays produira, dans des conditions plus favorables que le nôtre, certains objets de consommation et pourra nous les offrir à des prix auxquels nous ne pourrons descendre, il ne s'ensuit pas de là que nous devions pousser la condescendance jusqu'à faire litière de tant d'intérêts précieux et que nous consentions à jouer un rôle aussi humiliant tant pour notre dignité que pour celle de notre commerce.

Nous avions à cœur de dire quelques mots d'un sujet plein d'actualité, aussi avons-nous laissé une place pour la courte disgression qui précède. Il était difficile, en effet, en écrivant sur les Traités de Commerce et les Lois de Douane, de ne point effleurer des questions aussi controversées.

V

En suivant avec attention les diverses phases de la lutte engagée entre les partisans du libre-échange et les partisans du régime protection-niste, nous entendons les uns dire : gardons les tarifs conventionnels ; les autres : rompons les trai-tés et tenons-nous en à un tarif général. Pour-quoi ? Savez-vous quelle est la raison qui fait que les protectionnistes réclament toujours ? C'est qu'il nous arrive de l'extérieur des produits à meilleur marché, et qu'ils ne peuvent pas lutter contre ces prix-là. Mais pourquoi, leur répondrons-nous,

persistez-vous à lutter dans de mauvaises conditions? C'est à vous et non au public à en subir les
conséquences.

Que fait et que doit faire un consommateur ?
Payer les produits le meilleur marché possible, de
même qu'il est de l'intérêt d'un pays de tirer de
ses travailleurs le meilleur parti possible.

Que si nous étudions à fond cette question,
nous pourrons constater que pour bien des produits
qui nous viennent de l'étranger et qui sont importés chez nous, ils ont aussi une origine française.
Fabriqués par des Français et avec de l'argent
français, frapper d'une taxe ou d'un droit ces produits à leur entrée en France, ce serait frapper
pour ainsi dire des produits français. Mais nous
irons plus loin et nous dirons : bien des produits
qui sont importés en France sont meilleurs et vendus à meilleur marché que les produits similaires
français; si vous les frappez d'un impôt, quel
résultat obtenez-vous ? Vous forcez le consommateur à payer plus cher et à être plus mal servi;
dans de pareilles conditions, nous sommes
deux fois dupés. C'est donc le consommateur qui
paie à ses dépens le droit de protection.

Nous craignons, je dirai même que nous croyons que l'intérêt est un des principaux mobiles qui guident un très grand nombre de protectionnistes.

Est-il possible, en présence de l'augmentation produite depuis les traités de 1860, de ne pas reconnaître l'influence salutaire des traités de commerce ? Quoi ! cette augmentation de 2,997 millions, c'est-à-dire de TROIS MILLIARDS, n'aurait pas pour cause les traités de commerce, l'abaissement réciproque des tarifs douaniers et les facilités les plus grandes laissées aux produits où leur vente naturelle les appelait ? N'est-ce pas une preuve irrécusable que de voir notre commerce général atteindre en 1873 le chiffre de 9 milliards 398 millions, après les deux cruelles années que nous avons traversées, encore tout meurtris de nos désastres. Est-il permis de reculer devant des preuves aussi évidentes ? N'est-ce pas là un résultat qui nous permet de nous dire les plus forts, alors que malgré tant d'obstacles, qui à cette époque venaient aggraver nos charges et mettre des entraves au développement normal de notre commerce, la production n'en a pas moins pris son essor et n'a pas moins lutté avec avantage ?

Nous ne nierons pas qu'il existe une cause de cet accroissement autre que celle de l'abaissement des tarifs, et cette cause plus générale découle du perfectionnement de l'outillage, de la rapidité des transports, des besoins plus multipliés et surtout plus étendus. Mais pensez-vous que le progrès qui procède de cet ensemble de circonstances ne soit pas très lent à se développer, alors surtout qu'il est entravé par les obstacles mis à l'échange, qui est un de ses éléments principaux?

Il est aisé de s'en rendre compte, en établissant une comparaison entre les dix années qui ont suivi la réforme commerciale et deux périodes décennales, — 1840 à 1849 et 1850 à 1859 — qui ont précédé ces traités. Pour rendre notre tâche plus aisée, nous empruntons à un économiste distingué (*) des faits et des chiffres non pas arrangés avec art, mais présentés dans un ordre logique, puisés aux sources officielles, et qui se rapprochent de la vérité s'ils

(*) Voir la *Réforme économique de 1860 et ses conséquences sur le développement du travail et de l'industrie en France*, par J.-B. Lescarret, professeur d'économie politique à Bordeaux.

ne la donnent pas d'une manière rigoureuse et mathématique. « En 1840, l'ensemble de nos « échanges (commerce général à l'importation et « à l'exportation) avec les divers peuples du monde « et avec nos colonies s'élevait à 2,063 millions de « francs. On trouvait alors que ce chiffre accusait « une grande prospérité. En 1849 ce même com- « merce général atteignit le chiffre de 2,565 mil- « lions de francs. Dans cette première période, « l'accroissement avait été, par conséquent, de « 502 millions ou de 24 pour cent.

« En 1850, l'ensemble de nos échanges ne dé- « passait pas le chiffre de 2,706 millions. En 1859 « ce chiffre s'élève à 5,411 millions. Ici l'accroisse- « ment est énorme, puisqu'il représente environ le « double, ou 99 pour cent. »

Il faut convenir cependant que cet accroissement coïncidait avec la construction de notre réseau de chemins de fer, avec la transformation de la capi- tale, et, par imitation, de beaucoup de villes de province ; avec la substitution du fer au bois dans les constructions importantes. Il ne faut pas non plus oublier cette fièvre de spéculation surexcitée et par l'action gouvernementale et par ces grandes compagnies financières qui semblaient un moment réaliser le rêve de *la multiplication des capitaux*, et qui une fois de plus ont prouvé par leurs désastres qu'il n'est pas de fortune réelle et durable pour un peuple en dehors de la voie régulière du travail et des transactions sérieuses.

Voilà bien certainement des causes qui ont aidé puissamment notre commerce ; mais une fois cette période passée, il semble que ce qui était le résultat de faits exceptionnels et d'une situation anormale, ne pouvait ni se continuer ni se produire.

Voyons donc si cet accroissement s'est arrêté : « A partir de 1860, dit M. Lescarret, la progres-« sion a pris un nouvel essor, et le commerce « général, qui s'était élevé en 1859 (par une « ascension plus factice que réelle) à 5,411 mil-« lions, atteint en 1869, le chiffre de 8,002 mil-« lions. »

« La moyenne de la période de 1858 à 1859 « était de 4,130 millions ; la moyenne de 1860 à « 1869 est de 7,121 millions. »

N'est-ce pas là une preuve certaine de progrès continus et ne sommes-nous pas autorisés à dire à nos adversaires : sortez de la routine et ne vous refusez pas à admettre l'évidence dans ce qu'elle a de plus manifeste.

A l'époque où Colbert abolit les barrières provinciales, le public n'était certes pas avec lui, et l'histoire ne vous a-t-elle pas fait le tableau de l'animadversion et de la colère générale que suscita contre lui Turgot par ses admirables réformes sur la libre circulation des grains et sur la liberté du travail ? Aussi, loin d'être surpris du sentiment qui pousse certains esprits à se révolter contre l'application des théories que nous exposons, nous l'avions pressenti, et il était prévu par tous les partisans du régime libre-échangiste. Il n'est pas possible d'introduire dans un pays des mesures de ce genre sans froisser certains intérêts, et, comme dans une bataille où les armées sont animées d'une même énergie et d'un même courage, il faut qu'il y ait des pertes subies des deux côtés et que le vainqueur lui-même panse ses blessures ; de même dans la lutte qui est engagée actuellement entre les deux partis de la défense de la liberté commerciale et des amis du régime protecteur, il ne peut pas se faire qu'il n'y ait quelques victimes. Rêver une réforme industrielle sans qu'il se produise quelques ruines partielles, c'est se faire une idée peu exacte des résultats que donnerait une semblable transformation.

VI

Tous les traités sont arrivés à échéance en 1877, et depuis cette époque nous vivons en suspens et sans savoir quel sera le fruit de cette attente. Nous sommes pleins de confiance dans le résultat de l'enquête, persuadés que les Chambres ne pourront renoncer au régime qui s'est montré jusqu'ici le plus efficace pour assurer les progrès du commerce et de l'industrie. Et surtout pas d'illusions ! Méfions-nous de ceux qui demandent que l'on procède par la voie de la dénonciation des traités, et qui ajoutent comme correctif : « que ce n'est pas pour « revenir au système protecteur ». Nous doutons

5

de la sincérité de ceux qui parlent de la sorte.
Pourquoi voulez-vous donc la liberté des tarifs si
ce n'est pour avoir la liberté de les hausser ?
Pourquoi craindriez-vous donc les traités si vous
avez l'intention formelle et bien arrêtée de marcher vers une baisse graduelle des tarifs ?

Aurons-nous besoin de discuter un argument
de nos adversaires qui met dans leur bouche le
langage suivant : prenez garde, si le régime des
traités assure à l'industrie pendant une période de
tant d'années une certaine fixité, vous placez
l'Etat dans une certaine dépendance et dans de
telles conditions, que vous faites la part belle à
l'étranger. Nous ne nierons pas le fait ; mais nous
répondrons à ceux qui nous parlent de la sorte,
que cette dépendance, à nos yeux, n'a rien qui
puisse compromettre notre dignité et que les autres nations se trouvent dans le même cas que la
France. Car, comme nous, elles dépendent aussi
de leurs besoins et des nécessités du commerce
qui nous font une loi de chercher au dehors des
débouchés pour les produits de notre sol et de
notre industrie.

Ne voyons-nous pas la liberté individuelle elle-

même limitée et dépendante en présence de certaines législations, des règles de la morale, des
principes du droit international et du droit des
gens ? N'est-ce point là une nécessité qui s'impose d'elle-même et par laquelle la dignité du
citoyen ne saurait être atteinte ? Mais il en est de
même pour l'État en face des nécessités que lui
crée son existence commerciale et industrielle. Si
le caprice et l'oppression étaient la base de cette
situation toute d'assujettissement et de dépendance, nous serions les premiers à nous révolter
contre des théories qui viendraient saper nos plus
chères espérances et heurter de front nos plus
belles prérogatives. Aussi, nous ne doutons pas
que nos représentants, députés ou sénateurs, ne
comprennent la nécessité de porter remède à la
situation particulièrement grave qui est faite au
commerce français. S'ils se laissaient aller au
point de méconnaître les bienfaits des traités, ils
verraient combien pénibles deviendraient nos rapports commerciaux ; ils se trouveraient eux-
mêmes dans l'obligation incessante de reprendre
une œuvre qu'il faudrait tous les jours modifier.
Plus de stabilité, le sort le plus mobile serait fait

à notre commerce et à notre industrie, et l'on aurait ainsi ouvert une source perpétuelle de conflits et de luttes. Avec les traités, nous éviterons les brusques changements, et nos relations avec les autres peuples n'en seront que meilleures ; sans compter que le cercle fécond de notre activité industrieuse se sera considérablement élargi. Avec les tarifs, au contraire, quelles ne seraient pas les difficultés que rencontreraient les négociations, et que d'embarras pour les hommes même les mieux intentionnés !

Pourquoi donc voudrions-nous élever entre les nations et les peuples du monde des barrières que la science rend tous les jours plus accessibles ?

Le libre-échange est un procédé simple et efficace comme ceux que la Providence a mis à la disposition des hommes, et que ces derniers ne doivent pas souffrir qu'on leur enlève.

Que nous font les distances aujourd'hui !

Il semble que Dieu ait permis à l'homme, avec son intelligence, de les rapprocher par les découvertes de chaque jour, afin que nous ne puissions oublier que nous sommes tous frères et que nous devons mettre en pratique les sentiments élevés et les devoirs que la nature elle-même a gravé au fond de nos cœurs.

Un économiste célèbre et dont la France a tout lieu d'être fière, J. B. Say, exposant la théorie d'après laquelle l'accroissement de la richesse est par suite subordonnée à l'extension des débouchés, comme l'effet est lié à la cause, s'écriait : « La théorie des débouchés changera la politique « du monde ». Mais la doctrine de cet homme éminent rencontra non-seulement des indifférents, mais même d'implacables adversaires. Comment peut-il se faire que les gouvernements ne voient pas les déplorables conséquences que doit forcément entraîner le monopole du marché intérieur et du marché colonial ?

Ce tarif des Douanes, ce qu'on est convenu aujourd'hui d'appeler *tarif général*, offre-t-il donc de sérieux avantages ? Pouvez-vous admettre un seul instant que les autres nations ne vont pas suivre notre exemple et qu'elles ne vont pas s'isoler commercialement de notre pays, ou bien encore user de représailles en frappant nos produits de droits élevés ? Il n'aura servi de rien à

quelques-unes de résister (*) et elles se trouve-
ront bientôt dans l'obligation d'en revenir au
régime des traités.

Car il faut cependant tenir compte du cas où
nous produisons plus que nous consommons ; et
telle est notre situation, cela ne saurait être mis en
doute. Nous l'établirons en prouvant que la production totale de la France est supérieure à sa
consommation totale, et cela en prenant les résultats des trois dernières périodes décennales de
1847 à 1876.

De 1847 à 1856 les importations du commerce
spécial ont été de 10 milliards 771 millions, et les
exportations de 12 milliards 238 millions. Nous
citons cette période malgré qu'elle soit antérieure
aux traités de 1860 en observant qu'il ne faut pas
perdre de vue que dès 1853 la France était entrée
dans la voie des dégrèvements et que les traités de
1860 ne sont venus pour ainsi dire que confirmer.

(*) L'Italie et l'Allemagne, tout récemment encore, sont
entrées dans cette voie. M. de Bismark surtout a bravé à cet
endroit la colère des libéraux et a usé de toute son
influence pour ramener l'Empire aux tarifs des douanes.

ou régulariser ces dégrèvements. Dans la période de 1857-1868 les importations ont été de 22 milliards 5 millions et les exportations de 24 milliards 301 millions. D'abord, en thèse générale, on peut soutenir que *toutes les fois que l'augmentation des importations n'a pas pour cause un déficit de la production, elle est une preuve de l'augmentation des richesses.*

Si de 1857 à 1866 nous avons fait pour 46 milliards 300 millions d'affaires, alors que jusqu'en 1856 nous n'en faisions que pour 23 milliards, nous sommes bien forcés de reconnaître que le capital social a été augmenté et que le bien-être s'est accru. Or, pendant cette période, nous voyons les exportations ayant dépassé de 2 milliards les importations : nous pouvons dire que nous avons consommé moins que nous n'avons produit, et nous devons conclure que nous avions donc intérêt à produire plus que pour nos besoins.

Quant à la période qui suit, si nous ne cherchons pas à nous rendre compte des causes qui semblent avoir donné le résultat opposé, il sera difficile d'apprécier la valeur des chiffres que nous signalons.

De 1867 à 1876 (nous empruntons encore cette statistique au discours de M. Jules Simon), le chiffre total des opérations a continué de s'accroître, puisque de 46 milliards 300 millions nous passons à plus de 67 milliards. Mais cette fois dans ce total, c'est le chiffre des importations qui l'emporte. Les importations ont été de 34 milliards 76 millions; les exportations de 33 milliards 65 millions. La différence en faveur des importations est donc de plus d'un milliard; exactement : 1 milliard et 11 millions.

Et cette différence constitue-t-elle pour nos adversaires le droit de critiquer notre argumentation en faveur de la théorie du libre-échange? Certes, nous leur refusons ce droit, et ils ne sauraient l'invoquer en présence des résultats produits. Sont-ils de bonne foi? Eh bien! que signifie pour eux ce résultat qui, dans une période, de 46 milliards 300 millions, vous fait passer à un chiffre de plus de 67 milliards? Mais, leur demanderons-nous, croyez-vous donc que les années 1870 et 1871 ne sont pour rien dans cette différence de 1 milliard et 11 millions? Savez-vous que durant ces deux années nous n'avons rien fabriqué, et, par suite, rien exporté? Avez-vous oublié les usines dévastées et désertes, et une grande partie de nos plaines les plus fertiles qu'on n'a même pu ensemencer? Ouvrez les yeux; comparez après avoir lu, et vous serez obligé de reconnaitre que dans cette période, c'est encore l'exportation qui l'emporte (*).

(*) Dans cette période, il y a des années qui s'appellent 1870 et 1871. Supprimons-les de notre bilan comme nous voudrions les supprimer de notre histoire. Pendant la fin de 1870, toute l'année 1871 et la plus grande partie de 1872, nous n'avons rien fabriqué et par conséquent rien exporté..... Nos plaines fertiles n'ont porté que des cadavres. Nous n'avons donc pas, pendant cette période, à comparer 10 années d'importation à 10 années d'exportation; mais 10 années d'importation à 8 années seulement d'exportation. 33 milliards exportés en 8 ans représentent par année plus de 4 milliards. C'est donc 8 ou 9 milliards qu'il faudrait ajouter à nos exportations pendant cette période pour arriver à une évaluation équitable. De telle sorte que la période de 1867 à 1876 corrobore notre thèse loin de l'infirmer, et que nous avons plus que jamais le droit de conclure qu'en tout temps notre pays produit plus qu'il ne consomme. » (Discours de M. Jules Simon, du 16 février 1879, à la réunion du théâtre du Château-d'Eau).

VII

Il y a de cela quelque temps, M. Tirard, ministre de l'agriculture et du commerce, prononça à
Lille un discours, sorte de profession de foi libre-
échangiste, et cela devant une population qui venait
de faire une ovation à M. Pouyer-Quertier, qu'on a
appelé avec raison le pilier de la protection. Après
avoir constaté l'immense accroissement de notre
commerce international depuis 1860 et la prospérité incontestable qui en a été la conséquence :
« Cet excédant formidable, dit-il, ne s'était encore
« jamais produit. Eh bien ! Messieurs, quand on

« décompose les chiffres, l'on voit que cet excé-
« dant porte tout entier sur des produits d'une in-
« dispensable nécessité, et l'on voit, par contre,
« que l'exportation de nos produits fabriqués l'em-
« porte de beaucoup sur l'importation de ces
« mêmes produits venant de l'étranger. »

Puis il fit remarquer, et c'est là un point digne
d'être retenu, qu'à l'heure actuelle la France ex-
portant 1,867 millions de produits fabriqués et
n'important que 666 millions d'articles étrangers,
si la protection obligeait chaque pays à ne travailler que pour soi, la France perdrait 1,867 millions
et l'étranger 666 millions seulement.

Ce sont là les paroles d'un ministre, et certes
nous pouvons ajouter foi aux chiffres qu'il a four-
nis, car en face d'un champion aussi redoutable et
aussi énergique que M. Pouyer-Quertier, il n'eût
pas été prudent de commettre des erreurs sur ce
point.

Nous ne pouvons pas non plus passer sous
silence une réunion publique des libre-échangistes qui s'est tenue à Bordeaux le mardi 17 juin
1879, à laquelle assistaient la Chambre de commerce et le Conseil municipal. M. Fourcand,

sénateur, et M. Raoul Duval prirent tous deux la parole, et ce dernier insista tout particulièrement sur le maintien du principe libre-échangiste contre le principe protectionniste. L'orateur a soutenu que le libre-échange donnera la fortune, la prospérité, le travail, tandis que le système de la prohibition n'amènera que la misère et le chômage.

S'étant ensuite appliqué à réfuter les assertions les plus importantes de M. Pouyer-Quertier concernant la filature, les importations, les exportations et l'état de la marine marchande, il entraîna la salle entière, qui le couvrit d'applaudissements.

Parlant de la marine marchande, M. Raoul Duval déclare que, malgré les assertions de M. Pouyer-Quertier, il veut maintenir et prouver que la flotte française, s'étant transformée de navires à voiles en navires à vapeur, n'a rien perdu quant au tonnage.

« Les hommes, dit-il, qu'elle occupe en moins « par suite de sa transformation, s'emploient aux « diverses pêches, beaucoup plus lucratives pour « le marin...... Le cabotage de port à port, mal- « gré la protection qu'on lui a donnée, a diminué « par suite du transport par chemin de fer. Or,

« ces marins, en augmentant la flotte de la pêche
« française, lui donnent une prospérité plus
« grande. » Cette fois encore les paroles de M. Raoul
Duval furent accueillies par des applaudissements.

Parlant ensuite des grandes compagnies mariti-
mes subventionnées, l'orateur montre que les sub-
ventions sont utiles et que ces compagnies rendent
de grands services au commerce français (*).

Quant aux affirmations de M. Pouyer-Quertier
sur la façon inégale du transport par les voies fer-
rées dont sont traitées les industries françaises
relativement à l'industrie étrangère, M. Raoul Du-

(*) NOTA. — Nous n'avons pas voulu nous étendre sur la
question maritime, qui semble au premier abord hérissée de
difficultés, parce qu'il aurait été nécessaire d'entrer dans de
trop longs développements. Mais si le lecteur veut se tenir au
courant, nous pouvons lui indiquer des sources où il pourra
puiser avec fruit les renseignements utiles au point de vue de
l'étude de ces discussions.

Voici d'abord la brochure (*Lettre à MM. les Députés par un
consommateur*) de M. Marc Maurel, membre de la Chambre
de commerce de Bordeaux.

Lire le compte-rendu in-extenso de la réunion publique
tenue à Bordeaux sous les auspices de l'Association pour la
défense de la liberté commerciale et industrielle, le mardi
17 juin 1879.

val rappelle que son contradicteur a oublié de
dire que les marchandises bénéficiant des réductions, sont des marchandises reçues en transit.
Puis il prouve par des chiffres que le commerce
en général et celui de Bordeaux en particulier, a
plus que doublé, à la faveur de la liberté, depuis
les traités de commerce.

Voilà donc les Bordelais montrant leurs tendances libre-échangistes, et assurément si c'est vers
ces pricipes que se tournent leurs aspirations,
nous devons bien reconnaître que c'est par raison,
en connaissance de cause, et à la suite d'études et
de comparaisons basées sur l'expérience qu'ils
agissent de la sorte. —

Qu'est-ce donc aussi que cette manie qui consiste à ne consulter que les producteurs et jamais
les consommateurs? Est-ce donc que ces derniers
ne seraient pas intéressés? Et ici nous jugeons à
propos de citer quelques-unes des paroles prononcées par M. Léon Say, notre ministre des finan-
ces, dans son discours à Mugron à l'occasion de

l'érection d'un monument à la mémoire de Frédéric Bastiat dans cette ville :

« On n'a pas songé, dit-il, aux principes qui « paraissent être des armes rouillées. Dans nos dis- « cussions actuelles, je regrette de le dire, on « redit des choses d'il y a trente ans ; on se perd « sur des enquêtes cent fois faites. Le point de « vue de l'économie politique, celui que Bastiat a « si éloquemment mis en lumière, le point de vue « du consommateur, paraît avoir été oublié. Le « consommateur c'est pourtant tout le monde : « c'est en réalité le pays lui-même qui demande à « s'approvisionner librement au plus bas prix pos- « sible sur tous les marchés du globe............... On « ne raisonne plus aujourd'hui quand on ne rai- « sonne qu'au point de vue des producteurs. C'est « à eux qu'on demande si la législation les gêne. « On oublie de faire la même question au consom- « mateur, et on trouve cet oubli bien naturel, « puisqu'il n'y a personne pour répondre en son « nom. »

Nous ne saurions trop nous ranger à cette opi- nion de M. Léon Say, et combien nous trouvons pratique et juste ce passage de son discours !

Si le lecteur voulait se donner la peine de le mettre en parallèle avec certains des arguments que les protectionnistes ont à leur usage, il verrait combien peu édifié il serait, tant sur la portée des raisons invoquées, que sur l'esprit partial et peu empreint de justice qui les inspire.

Vous est-il jamais arrivé de réfléchir à l'un des résultats inévitables qu'entraine après lui le régime de la protection ? Nous ne cessons de crier contre les impôts qui entrent directement au Trésor public. Que dirons-nous donc de ceux qui, quoique perçus légalement, n'entrent pas au Trésor et vont grossir la fortune de quelques particuliers ? Ces impôts sont-ils la représentation d'un service rendu ? Non. Ils sont donc illégitimes. On a beau dire qu'ils sont une *prime* offerte au *travail national*; nous répondrons à cela qu'il serait juste et équitable alors d'étendre cette prime à toutes les branches du travail parmi nous. Mon travail de propriétaire d'immeubles et celui des travailleurs que j'emploie, n'est-il donc pas aussi français que celui des maîtres de forges et des propriétaires de filatures ?

Pas d'équivoques ! Un droit frappé à l'importation d'un produit est-il oui ou non un impôt ? qui voudra soutenir le contraire ? que vous l'appeliez prime ou récompense ce sera toujours un impôt. Or, nous ne reconnaissons, hâtons-nous de le dire, à aucune industrie, à aucune série de producteurs, le droit de frapper d'un impôt les consommateurs.

Pour que les lois de la justice économique soient violées en France depuis si longtemps et d'une manière si persistante, il faut qu'il existe un immense malentendu entre nos législateurs et les lois naturelles qui président à la répartition de la richesse.

C'est bien assurément ici la place d'emprunter à un membre de la chambre de commerce de Bordeaux une de ses pensées les plus vraies sur la question (*).

« Il existe, dit-il, malheureusement à l'heure qu'il est, dans les masses, un préjugé dont l'influence désastreuse se fait sentir jusques sur les

(*) Lettre adressée à MM. les membres de la Commission des Tarifs de Douane et à MM. les députés par un consommateur. — M. Marc Maurel, membre de la Chambre de Commerce de Bordeaux, 1er décembre 1878.

0

esprits les plus éminents, c'est de croire qu'on peut créer du travail dans un pays par le moyen d'une loi, alors qu'on ne fait que détourner artificiellement les capitaux d'une voie naturelle et rémunératrice par l'appât d'une prime ; on ne s'aperçoit pas que cette *prime*, autrement dit, le droit protecteur, est prélevée sur le capital social et qu'elle constitue une perte sèche pour le pays, sans compter les désastres causés par le déplacement artificiel des capitaux ».

Seul le capital est capable de créer du travail et cette création s'opère d'elle-même parce qu'elle est soutenue par l'espoir d'un bénéfice.

Que si vous souhaitez que ce travail devienne fécond, laissez-le se développer au grand air du marché libre. Car enfin, s'il fallait prendre à la masse des citoyens les ressources nécessaires pour soutenir les entreprises particulières tombées en faillite, le pays s'accommoderait-il de ce déplacement onéreux ? C'est pourtant là un des fruits qu'on recueille avec le système protecteur. Il existe de grandes industries dont les frais généraux sont minimes par rapport au chiffre immense de la production, qui se disent exposées à la faillite

si on les laisse aux prises avec les industries similaires de l'étranger, et on les croit sur parole.
Alors, pour leur permettre de réaliser de beaux
bénéfices, on les autorise, de par le Tarif des
Douanes, à prélever sur les acheteurs français,
en sus du prix naturel de leur marchandise, des
primes de 15, 20, 30, 40, 50 %.

C'est là un régime économique par trop oppres-
sif et qui devrait cesser. Nous savons bien qu'à
l'aide d'une nouvelle théorie que l'on qualifie de
régime compensateur, on a essayé une transaction,
mais entre ce régime et le régime protecteur, il
n'y a qu'une légère différence, malgré que ce mot
compensateur semble renfermer une idée de justice.

VII

L'expression dont on se sert généralement pour exprimer l'état actuel du commerce ou de l'industrie, c'est le mot *crise*. Nous sommes donc en pleine crise, et quelques cuisants que soient les maux qui affligent notre pays, il est certain que la crise y est moins intense que partout ailleurs.

Nous ne sommes pas optimistes, et nous ne nous dissimulons aucune des difficultés qui nous étreignent. Notre midi frappé au cœur ; des départements entiers ruinés dans la source principale et parfois unique de leur fortune ; la diminution de la valeur de l'argent coïncidant avec la sup-

pression d'une foule de branches du commerce
et de l'industrie , ont amené notre belle région à
un état de gêne et de souffrances qu'on ne saurait
exagérer, et qu'il convient non d'atténuer par des
paroles , mais de pallier par des actes virils et
généreux.

Les départements du nord sont encore plus
malheureux que ceux du midi. Nous voyons là
des usines nombreuses fermées et des milliers
d'ouvriers sans travail : ici des charbonnages, des
ateliers de construction occupent encore quelques
ouvriers, ne leur donnent que des salaires dérisoires , que des baisses progressives vont bientôt
réduire à rien.

Nos concitoyens du nord, affolés, espèrent-ils
qu'on puisse opposer à cette crise la panacée
universelle qu'on nomme *protection ?* Nous n'igno-
rons pas que les ouvriers de certains grands cen-
tres manufacturiers semblent adhérer , en partie
du moins, à ce mouvement. Nous avons appris
que M. Legrand, député du Nord, avait déposé
sur le bureau de la Chambre une pétition qui se
prononce contre les Traités de commerce et qui est
signée par 25,000 ouvriers. Espérons ferme-

ment que la Chambre ne les suivra point dans
cette voie. Elle ne verra dans ces pétitions que
l'expression irréfléchie de trop réelles souffrances,
et aussi le résultat évident d'une certaine pression
exercée par les chefs d'industrie sur ceux qui
sont sous leur dépendance.

Est-ce raisonner que dire : « mon salaire est faible
à cause de la concurrence ; que l'on supprime la
concurrence et mon salaire haussera. » Si cela
paraît vrai au premier abord, on ne tarde pas à
trouver la fausseté de cette idée en allant au fond
des choses.

Il est bien évident que la suppression de la concurrence pourra amener une hausse, galvaniser
une industrie anormale, imposer au consommateur un produit inférieur et plus cher; mais
comme cette hausse se manifeste sur toutes les
branches de l'industrie, tout ce qui est nécessaire
à la vie haussera également, et comme la hausse
des salaires ne sera pas proportionnée à la hausse
des objets que l'ouvrier devra acheter, il se produira ce fait indéniable : c'est que la misère n'en
sera que plus grande et le remède plus difficile à
appliquer.

C'est une erreur manifeste de la part de ceux qui prétendent que la concurrence est cause de la crise actuelle, et c'est faux que prétendre que le libre-échange est la cause des maux dont souffrent aujourd'hui toutes les classes de la société.

Voulez-vous connaître les causes de la crise actuelle ? il est aisé de les étudier; en voici les principales :

D'abord les productions irréfléchies et démesurées de produits manufacturés de toute sorte et dont nous avons déjà dit quelques mots.

On a inventé et on invente tous les jours des machines plus perfectionnées qui se substituent à des milliers de bras et qui produisent avec une prodigieuse rapidité; ce qui fait qu'en même temps que bien des travailleurs étaient réduits à l'inaction, le marché s'encombrait de produits; l'offre arrivait à être à la demande comme 10 est à 1, et finalement il a fallu s'arrêter faute de consommateurs. Il y a nécessairement crise, et il y aura crise tant que le stock des marchandises accumulées ne sera pas écoulé; et il s'écoulera d'autant plus lentement, que la crise étant plus intense, les moyens de tous ont été considérablement restreints quand ils n'ont pas été anéantis.

Une autre des causes de la crise doit être attri-
buée à l'importance considérable prise par les
fonds des villes et d'États; les actions et obliga-
tions de chemins de fer, et les sociétés financières.

Les fonds d'État rapportent un revenu élevé
sans aucun danger, sans aucun risque, sans aucun
impôt; les emprunts des villes rapportent des intérêts très convenables, et allèchent le public par
des loteries véritables, remboursant l'argent au
pair et donnant aux plus heureux des primes plus
ou moins considérables; les sociétés financières,
malgré toutes les leçons du passé attirent sans
cesse les capitalistes et leur donnent, en attendant
la déconfiture, des dividendes parfois fabuleux, et
d'autant plus fabuleux souvent que l'affaire est
plus véreuse.

L'extension toujours plus grande des chemins
de fer fait de ceux-ci des placements toujours plus
recherchés, et il n'y a qu'à jeter un regard sur la
valeur progressivement accrue de nos grandes
lignes pour reconnaître qu'elles ont, en effet, bien
récompensé leurs souscripteurs. C'est encore là

une des causes de la crise. En effet, la propriété
foncière ne rapportant que 2 1/2 et 3 pour cent,
est toujours plus délaissée par les capitalistes, ce
qui entretient dans nos campagnes un malaise qui
survivrait à toute cause accidentelle d'appauvrisse-
ment. Et il en est de même pour l'idustrie : les
capitaux désertent l'industrie, et, comme l'argent,
ce capital nécessaire qui sert de levier, est absent,
il y a chômage, il y a malaise, il y a ce que nous
endurons aujourd'hui, il y a crise.

Si nous voulons voir diminuer et disparaître
cette situation fâcheuse, il faut dès à présent que
les industries qui ont produit à l'excès se règlent.
Il ne faut pas non plus, ce qui arrive toujours en
pareille circonstance, que nous encombrions les
marchés de certains produits que l'on envoie et
que l'on consigne sur les marchés lointains les
plus mauvais, où il y a peu de chances de vente
et moins de chances de paiement; car, si ce fait se
produit sur ces marchés, combien à plus forte
raison l'encombrement se fait sur les marchés
meilleurs, où chacun jette en désespéré l'excès de
sa production. Comment, nous dira-t-on, par-
viendrez-vous à régler ou à réduire la pro-

duction excessive? Par le seul moyen dont on puisse user. Il faudra nécessairement que quelques entreprises succombent. Lesquelles? On l'ignore. Les plus faibles sans doute, les plus mal placées, les plus mal outillées, les plus mal gérées, les plus pauvres. Mais encore quelles sont-elles? C'est à l'épreuve et par la lutte qu'on les reconnaîtra; par la lutte pour l'existence, à laquelle nous assistons en ce moment, et qui est le correctif naturel des grandes erreurs industrielles.

Vous voudriez que l'État intervînt au moyen d'une loi. Nous ne saurions l'admettre. Dans de semblables situations, nous ne devons demander qu'une seule chose à l'État: qu'il fasse que l'on puisse travailler avec sécurité et que nous puissions compter sur l'avenir. Non, que l'État n'intervienne pas et qu'il ne nous protège pas (*).

(*) Ce principe est un corollaire de celui de propriété et de libre concurrence, basé, comme ces principes, sur la justice et l'utilité, générateur de l'ordre social, stimulant du progrès. La propriété et la liberté du producteur et du consommateur sont isolées toutes les fois que le premier ne peut

Voulez-vous prendre le *Journal officiel* et voir
ce que produirait cette intervention de l'État qui
créerait une loi, espérant par là créer le travail?
Lisez ce que disait à ce propos M. Jules Simon,
le 20 janvier 1870, au Corps législatif, aux députés
qui voulaient donner aux tarifs des Douanes un
caractère protecteur plutôt que fiscal :

« C'est un impôt de création, c'est un impôt avec
« lequel vous voulez corriger les torts de la nature,
« avec lequel vous voulez vous charger de créer
« la richesse par des tarifs sans créer à côté la mi-

point échanger son produit et son travail à sa convenance;
s'il n'est pas libre de rechercher l'acheteur qui peut lui convenir, pour obtenir le plus haut prix possible; si, d'autre part,
le consommateur ne peut obtenir en échange de son avoir ce
dont il a besoin aux meilleures conditions possibles. La liberté
de l'échange ressort de la nature de l'échange dont elle est
l'âme. Sans elle, l'échange est incomplet, l'influence de l'offre
et de la demande est contrariée, la valeur et le prix sont alté-
rés et injustes, car la valeur n'est légitime, le prix n'est naturel et exact que lorsqu'ils sont le résultat du libre concours
entre les acheteurs et les vendeurs, de concessions mutuelles
qu'ils se font librement par suite des circonstances de la production et du marché, ainsi que de leurs besoins et de leurs
devoirs réciproques. » — J. GARNIER. — (*Dictionnaire général de la politique*, par M. Maurice Block. Nouvelle édition ;
tome 2.

« sère. Quoi ! vous vous faites les distributeurs de
« la richesse et de la prospérité ? Vous faites des
« lois fiscales, et avec ces lois, dites-vous, vous
« allez verser la fortune dans la ville de Rouen et
« dans la ville de Mulhouse, sans vous apercevoir
« que les écus que vous versez, vous les prenez
« dans nos vastes campagnes, et que ce qui va
« grandir la richesse des industriels, diminue le
« bien-être de milliers de travailleurs. Eh quoi !
« Messieurs, vous vous faites les dispensateurs de
« la richesse publique ! Mais est-ce là votre man-
« dat ? Non, vous êtes les législateurs, les soutiens
« de l'ordre ; vous n'existez que pour donner l'or-
« dre au pays et garantir la liberté à tout le monde.
« Vous n'êtes pas chargés, personne, ni Dieu, ni
« les hommes ne vous ont chargés de vous trans-
« former en directeurs et en distributeurs de la
« richesse publique. Vous le faites pourtant, im-
« prudents que vous êtes ; vous vous chargez de
« distribuer la fortune, et vous commencez par les
« grands industriels. Mais si vous entrez dans cette
« voie, que répondrez-vous aux ouvriers qui vien-
« dront vous dire : Nous n'avons pas d'usine,
« mais nous avons des bras, et nous voulons du

« travail pour nos bras comme vous fournissez du
« travail aux industriels avec vos lois et vos sub-
« ventions. Je vous défie de leur répondre. Moi, je
« leur dirais : je ne distribue rien à personne; moi,
« législateur, je distribue à tous la liberté et les
« moyens de travail et pas autre chose ; je ne dis-
« tribue pas la richesse, c'est à vous qu'il appar-
« tient de vous émanciper, d'être des hommes, de
« vous servir de votre liberté, de répondre de
« vous-mêmes, de vous secourir et de nourrir
« les vôtres, de vous grandir..... Oui, je le dirais,
« et j'ai le droit de le dire. Pourquoi? c'est que je
« suis libre-échangiste; je ne me mets pas à la
« place de Dieu; je laisse la richesse se dévelop-
« per et grandir d'elle-même. »

Les gouvernements n'accomplissent pas leur
mission quand ils prétendent dicter aux particuliers
de quelle façon ils doivent faire leurs affaires, et
c'est ce qui arrive quand ils nous disent : Vous
achèterez telle marchandise de telle provenance;
et s'il vous arrive d'en acheter d'une autre, vous
me paierez une amende égale à votre bénéfice,
amende que je ferai tenir au propriétaire de la
marchandise privilégiée.

Il est difficile d'accorder à l'État de se mêler aux luttes commerciales et industrielles. L'État a pour mission de protéger les citoyens, mais il ne peut aller au-delà sans empiéter sur l'activité individuelle. En effet, si l'État s'engageait dans cette voie des interventions en matière de ventes ou d'échanges, comme la force collective qu'il représente est une puissance telle que nul ne peut se mesurer avec elle, l'État triompherait au dépens des particuliers. M. Batbie, du reste, le disait fort éloquemment dans la trente-deuxième leçon du cours d'économie politique, qu'il professait à la Faculté de droit de Paris, de 1864 à 1865.

« Cette puissance est constituée au moyen de contributions et de sacrifices demandés aux individus. Serait-il juste de prendre aux contribuables pour leur faire concurrence ? Ne serait-il pas, au contraire, souverainement injuste de les faire contribuer par leur argent à la constitution d'une force à laquelle l'activité individuelle ne pourrait pas résister ? Il n'y aurait pas de raison pour s'arrêter ; et, de proche en proche, on tomberait dans le communisme, c'est-à-dire dans cette organisation déplorable qui consiste à tout absorber dans l'État, à le charger de la direction de tous les efforts et à noyer les individus dans une sorte de panthéisme administratif......

Ne serait-il pas plus sûr de s'en tenir décidément au rôle négatif de l'État et de lui interdire rigoureusement toute invasion dans le champ de l'activité individuelle ? »

Nous irons même plus loin. En matière commerciale, les gouvernements sont d'une incompétence absolue. Ils ne doivent pas intervenir dans les affaires des particuliers ; ceux-ci savent ce qui leur est avantageux, et ce qui leur est avantageux ne peut être désavantageux à leur pays.

VIII

Le parti protectionniste s'efforce d'attirer à sa
cause les ouvriers, soit en les menaçant de fermer
des ateliers qui, d'après eux, travaillent à perte,
soit en leur parlant du marché national, d'industrie nationale, comme si les ouvriers avaient, eux,
à redouter une autre concurrence que celle d'ouvriers comme eux. Et d'abord, dans les enquêtes
a-t-on entendu les ouvriers? Qui donc a parlé pour
eux ou en leur nom? En mettant de côté l'agriculture, avec les chiffres que nous avons donnés plus
haut, puisque les industries libres-échangistes
emploient deux millions cent trois mille ouvriers

quel serait donc le nombre des ouvriers que pourraient nous opposer nos adversaires? Moins de
350,000 ouvriers. C'est beaucoup, assurément,
mais sans ignorer que du jour au lendemain on ne
saurait faire, à cause des difficultés de l'apprentissage, d'un cordonnier un ébéniste, nous croyons
être dans le vrai en disant que l'embarras de ces
ouvriers ne serait que momentané. S'ils perdaient
du travail d'un côté, ils le retrouveraient de l'autre; et dans le service de la vapeur ou des forces
hydrauliques, on peut dire que l'on pourrait très
bien les utiliser avec leurs aptitudes. La chose importante pour un ouvrier, c'est qu'il ait l'habitude
du travail et avec cela une bonne santé.

Plus une fabrique sera en voie de prospérité,
plus les ouvriers seront sûrs d'avoir du travail,
d'obtenir de bons salaires et d'être bien traités. Il
se produira alors ce qui est arrivé dans les ères
de fortune et de prospérité nationale : on songera
aux écoles d'apprentissage, aux caisses de retraite,
aux remises proportionnelles sur les bénéfices, à
l'amélioration des logements et aux associations
coopératives de consommation. Nous ne devons
point séparer l'intérêt de l'ouvrier de celui de son

7

patron, car ce sont là deux intérêts solidaires.

Quand donc l'ouvrier aura-t-il des chances de voir élever son salaire? Ce sera quand le travail sera plus considérable et qu'il y aura plus d'ateliers en activité, non-seulement le nombre des ouvriers s'accroîtra, mais aussi le taux des salaires. Assurément nous ne serions point blâmés en soutenant cette thèse : que plus nous tendrons vers la liberté commerciale par le libre-échange, et plus le goût français, qui est une fraction importante de notre capital, se développera. Et ce goût chez l'ouvrier suivra une marche croissante à mesure qu'on s'élèvera dans l'échelle de la fabrication; alors il y aura plus de liberté et plus de mouvement pour cet ouvrier, et ses créations révèleront chez lui ce goût artistique qui est le patrimoine du Français.

Avec la liberté des échanges nous verrons s'améliorer la vie matérielle. Quelle différence entre les ateliers d'aujourd'hui et ceux d'il y a quelques années! Les machines nouvelles diminuent la part de fatigue de chacun. Les ouvriers ont à présent des logements confortables, où l'air et la lumière pénètrent aisément, et ne sont plus enfermés

comme jadis, dans la chambre malsaine où toute
la famille vivait à l'étroit.

Laissez-nous donc croire et croyez avec nous
que si cette situation nouvelle a été faite au profit
des ouvriers, dans l'ordre matériel, elle n'a pas été
moins effective et moins efficace dans l'ordre mo-
ral. L'accroissement du bien-être, dans les conditions dont nous parlons, ne peut qu'exercer une
heureuse influence tant sur l'esprit que sur le cœur.

Que dirons-nous des ouvriers, de ces hommes
de labeur qui tous les jours arrachent au sein de
la terre les produits de sa fécondité, si ce n'est
qu'ils n'ont, eux, aucun intérêt à quitter la char-
rue pour se jeter dans l'industrie, à laquelle, la
plupart du temps, ils ne sont pas propres? Enga-
geons-les à rester fidèles à la terre qui les nourrit et
qu'ils doivent aimer parce qu'elle les paie de leurs pei-
nes par d'abondantes moissons. Faisons des efforts
pour retenir l'ouvrier des champs dans nos campagnes; et, pour emprunter à un de nos estimés
professeurs de la Faculté de Droit de Toulouse (*)

(*) M. Arnault, professeur d'économie politique à la Faculté
de Droit de Toulouse.

une de ces pensées qu'il a le talent de graver
dans l'esprit de ses élèves, donnons nous-mêmes
l'exemple aux paysans et aux ouvriers : ne quit-
tons point les champs près desquels nos pères ont
vécu, et sachons résister à la tentation d'habiter la
ville, où nous croyons trouver plus d'agréments,
plus de plaisirs, mais où ne se trouve pour nous
qu'une occasion de dépense ; sans parler de ce
calme si doux de la campagne que nous avons
perdu.

L'*Officiel* a reproduit il y a déjà quelque temps
un discours que M. Tirard, ministre de l'agriculture et du commerce, prononça à l'inauguration
de l'hôtel de la Société nationale d'agriculture. Il
présidait la cérémonie, et au milieu de son discours, parlant aux agriculteurs présents, il leur dit :

« C'est en favorisant la fertilité des terres par
« des travaux savamment combinés ; c'est en créant
« partout des moyens de communication qui ne
« laissent inertes aucune de nos richesses ; c'est
« en vulgarisant les conquêtes de la science ; c'est
« en facilitant à tous l'usage des instruments per-
« fectionnés ; c'est en répandant l'instruction à
« pleines mains ; c'est en inspirant aux habitants

« des campagnes le sentiment de leur vraie valeur;
« c'est en les fixant au sol par l'attrait d'un travail
« raisonné ; c'est par tous ces moyens, *bien plus*
« *sûrement que par des artifices de douanes,* que nous
« parviendrons à donner à notre agriculture une
« force de production qui lui permette d'envisager
« sans effroi les progrès réalisés dans d'autres
« contrées. »

Certes, il est difficile de mieux penser et de
mieux dire, et la mise en pratique de ces paroles
ne contribuerait pas peu, soit au développement
des travaux agricoles, soit au résultat fécond qu'ils
donneraient.

IX

Avez-vous réfléchi aux conséquences qu'entraîne-
raient des droits exorbitants sur les produits étrangers? Avec ces droits qui équivaudraient à une prohibition, les nations étrangères ne se résigneraient
certes pas, et à leur tour elles se protégeraient
contre nous en prohibant de chez elles les produits
français. Il s'agit donc de savoir qu'est-ce qui est
préférable : avoir un marché chez nous, venant de
nous seuls, avec nos seuls produits et achetés par
nous seuls, ou bien avoir à notre disposition un
marché universel, tous les marchés du monde ou-
verts pour satisfaire nos goûts, nos habitudes et

nos besoins? Je vous laisse le soin de faire la ré-
ponse, et je sais d'avance que vous n'aurez garde
d'hésiter dans votre choix. Et puis, êtes-vous bien
sûr que vous pourrez produire suffisamment pour
votre consommation? Mais il est certains de vos
besoins, même des plus urgents, que vous serez
dans l'impossibilité de satisfaire.

Nous voyons bien où l'on en est arrivé avec
cette manie de vouloir tout produire, et ce fait s'est
produit dans tous les pays du monde. Chaque
pays s'est avisé de vouloir posséder chez lui toutes
les industries humaines. Chacun a voulu des forges et des filatures, persuadé que les besoins suf-
fisaient pour créer des industries et les mener à
bon port. On n'a même pas tenu compte dans
certaines contrées des conditions climatériques du
pays, et alors se sont effondrées les espérances
que l'on avait conçues, en même temps que som-
braient les industries sur lesquelles on les avait
fait reposer.

C'est vraiment une rage que celle de tout produire, comme c'est une rage que celle qui consiste à vouloir tout protéger. Telle est l'aberration
de l'esprit protectionniste, que l'on veut même pro-

léger certaines industries malgré elles ; c'est-à-dire qu'on les désigne aux étrangers pour des représailles. Ainsi, ouvrez l'*Economiste français*, dans le numéro du 11 août 1877 vous trouverez un article de M. Paul Leroy-Beaulieu qui a pour titre — partie économique — *Le protectionnisme et la crise industrielle universelle*. Il est intéressant et instructif à la fois d'y recueillir ces quelques lignes : « Il y a en France des fabrications très florissantes qui se sentent tout à fait majeures et qui redoutent toute tutelle comme toute lisière. L'industrie de la verrerie est dans ce cas : ses représentants ne réclamaient aucune augmentation de droits sur les produits étrangers similaires ; tout au contraire, ils auraient accepté une diminution. Néanmoins, malgré leurs représentations, on a inscrit dans le nouveau tarif général, des droits qui, sur certains articles de verrerie, vont jusqu'à 30, 40 ou 50 pour cent. Quelques fabricants éclairés ont protesté. Pourquoi protestaient-ils ? On leur disait : « Les nouveaux tarifs vous sont avantageux ; si vous n'avez pas besoin d'augmentation de droits, tant mieux pour vous ; mais en tout cas, cette augmentation ne vous nuira pas. » — « Si, pré-

cisément, elle nous nuira, répondaient ces industriels sagaces; et voici comment : nous exportons
beaucoup; or, il est à craindre que plusieurs pays
étrangers ne s'autorisent de l'augmentation de
droits de notre tarif pour accroître eux-mêmes les
droits sur nos produits; alors nous ne pourrons
peut-être plus exporter. Votre prétention de nous
sauvegarder le marché national va peut-être nous
faire perdre d'importants marchés étrangers. » —
« C'était là fort bien raisonner, écrit M. Leroy-
Beaulieu, néanmoins on a voulu protéger les ver-
riers malgré eux. » Et ce n'est pas là un cas isolé.
Dans une des délibérations des chambres syndi-
cales de l'industrie parisienne, pendant le premier
semestre de l'année 1877, nous avons vu la chambre de la *tabletterie* s'élever contre une augmentation des tarifs proposée pour les articles étrangers
similaires aux siens, et réclamer, au contraire,
une série de réductions.

Que penser encore de ceux qui, en attaquant
nos théories, nous refusent le titre de patriotes et
nous accusent de vouloir favoriser l'étranger aux
dépens des commerçants et des industriels français? Ceux qui tiennent ce langage croient-ils que

Adam Smith, Jean-Baptiste Say, Rossy, Bastiat n'avaient pas le sentiment de l'honneur et du patriotisme très développé? Nous avons hâte de le dire, nous sommes heureux et fiers de marcher en si bonne compagnie. —

Quel crédit accorderons-nous encore à ceux qui voudraient insinuer que la forme du gouvernement entre pour une part dans les causes de cette crise actuelle? Nous repoussons énergiquement une semblable allégation, et elle vient suivant nous appuyer la thèse que nous soutenions, c'est que les gouvernements, puisqu'on croit à leur influence en pareille matière, ne devraient jamais s'interposer, avec leur autorité, pour trancher des questions aussi délicates. —

Au mois de mai dernier nous apprenions, par la voie de la presse, qu'une réunion importante d'industriels et de délégués des Chambres de commerce avait eu lieu au Grand-Hôtel, et que cette

réunion avait pour objet de répondre aux mani-
festations libre-échangistes. Cinquante et une
Chambres de commerce étaient représentées à
cette réunion : celles d'Abbeville, Amiens, Bar-le-
Duc, Besançon, Caen, Carcassonne, Castres,
Douai, Dieppe, Dunkerque, Elbeuf, Epinal, Fé-
camp, Laval, Lille, Orléans, Rouen, Roanne,
Roubaix, Saint-Quentin, Sedan, Tarare, Tours,
Tourcoing, Valenciennes, Vienne, Saint-Omer,
Saint-Dizier, Armentières, Aubusson, Bernay,
Bolbec, Cambray, Condé-sur-Noireau, Falaise,
Flers, Foix, Givet, Joinville, La Ferté, Laigle,
Lisieux, Lodève, Louviers, Mazamet, Montbéliard,
Mayenne, Nevers, Pont-Audemer, Saint-Dié et Vire.

Deux autres Chambres de commerce, celles de
Nantes et du Havre, avaient envoyé leur adhésion
par écrit, en formulant, toutefois, certaines réserves.

Parmi les assistants on remarquait M. Dauphin,
procureur général, sénateur de la Somme; Géve-
lot, Blois de Bourdon, Janvier de la Motte, députés, un grand nombre de journalistes français et
étrangers, entr'autres M. de Blowitz, le corres-
pondant du *Times*.

Le *leader* du protectionnisme, M. Pouyer-Quertier, lutteur infatigable, orateur disert, spirituel, éloquent, renouvela ses attaques contre les traités de 1860. Il profita de la situation désavantageuse faite au commerce français par l'expiration des traités survenant au milieu d'une crise industrielle favorisant singulièrement les prétentions des adversaires du libre-échange. Après avoir assombri le tableau de notre industrie, il énuméra toutes les barrières douanières qui ont été élevées ou relevées contre nous en Europe et en Amérique. Enfin, le sénateur de Rouen soutint, dans le cours de la discussion, que les étrangers déverseraient chez nous le trop plein d'une production que leurs propres colonies se refusent à recevoir. Si de nombreux traités de commerce sont signés, c'en est fait, a-t-il dit, de nous et d' notre rôle dans le monde.

Ce qui fut très remarqué à cette réunion, c'est que dans le courant de son argumentation M. Pouyer-Quertier se trouva souvent en contradiction avec les chiffres, et qu'il passa sous silence, et cela avec intention, les tableaux comparatifs de l'état du commerce en France, avant et après la signature des traités de commerce.

Qu'aurait-il répondu si on lui avait dit : En 1859 le mouvement total de nos importations et exportations montait à 3 milliards 900 millions ; il est aujourd'hui de plus de 6 milliards.

Le nombre des machines à vapeur employées par l'industrie privée était, en 1859, de 13,791 ; il est aujourd'hui de 32,006. En 1859 les caisses d'épargne avaient un solde de 336 millions ; elles ont été évaluées au 31 décembre 1877 à 1 milliard 26 millions.

En face de ces citations, M. Pouyer-Quertier eût peut-être été forcé de reconnaître l'évidence des progrès accomplis par notre industrie, en dépit et peut-être à cause des traités de commerce.

Pour répondre victorieusement aux arguments émis à cette réunion du Grand-Hôtel, nous donnerons, en partie du moins, le texte analysé d'une adresse remise à M. Tirard, ministre de l'agriculture et du commerce, pour demander le maintien des traités de commerce et une application partielle du libre-échange, par les délégués des Chambres de commerce d'Angoulême, d'Aubusson, de Bordeaux, de Clermont, de Cognac, de La Rochelle, de Lyon, de Montpellier, de Màcon, de Nimes, de Paris, de Reims, de Rennes, de Rochefort et de Saint-Étienne, le vendredi 21 mars 1879.

Les raisons que renferme cette adresse sont des plus persuasives :

La crise économique qui sévit dans toute l'Europe et dans le monde entier a amené des souffrances très réelles; mais si vives qu'elles soient, il est à craindre qu'on n'en fasse un prétexte d'agitation au profit des industries habituées à vivre de la protection.

Jusqu'à présent, ces industries ont rempli de leurs doléances les journaux, le Parlement, et elles sont même allées jusqu'au chef de l'Etat pour lui faire entendre leurs plaintes.

Ces industries ne sont pas les seules : si, dans le désir de se réserver le marché intérieur, elles réclament l'abaissement des barrières autour de nos frontières, il en est d'autres, les plus vivaces et les plus importantes, qui demandent que leur libre et complète expansion au dehors soit sauvegardée; elles représentent l'intérêt du plus grand nombre, c'est-à-dire celui du consommateur. Personne ne peut leur contester que les traités de commerce, inaugurés en 1860, ont donné à notre industrie un essor qu'elle n'avait jamais connu. Nous sommes assurés, comme elle, qu'ils ont enrichi la France, et qu'ils lui ont permis, dans ces dernières années, d'éviter les désastres commerciaux qui ont frappé d'autres nations, et notamment l'Amérique, malgré les droits excessifs de son tarif douanier. Ils ont du moins l'avantage de garantir aux relations commerciales la sécurité, la fixité, qui sont les bases les plus essentielles et la condition indispensable de l'esprit d'entreprise; ils ont développé notre exportation.

Développant ensuite l'idée que l'exportation est la condition principale de la prospérité d'une nation et que sans exportation un peuple est forcé de vivre et de subsister avec ses propres ressources, l'adresse des libre-échangistes ajoute :

Mais pour profiter largement des avantages de l'exportation, il faut nous résoudre à ouvrir nos portes : c'est à cette condition que les étrangers nous permettront d'introduire chez eux les produits de notre industrie. Laissons donc nos barrières ouvertes de façon que les échanges se fassent entre nous et les autres peuples par le double jeu des importations et des exportations. Cette liberté n'est-elle pas étroitement liée au progrès de toutes les grandes inventions modernes? Quand les chemins de fer et le télégraphe électrique ont rapproché les peuples, annulé les distances, est-ce aux hommes à relever les barrières que le génie de la science a abattues? Que devient la logique de nos expositions internationales si les peuples ne peuvent échanger entre eux les produits qu'ils sont venus admirer de tous les points du globe?

Si nous ne réclamons pas aujourd'hui l'application du système du libre-échange dans toute son étendue, c'est que nous pensons qu'il faut laisser au temps et aux circonstances le soin de rendre possibles les progrès que les hommes n'osent réaliser de prime abord, par suite d'un excès de prudence et de calculs mal compris. Mais nous protestons de toutes nos forces contre les mesures rétrogrades conseillées par certains industriels; nous demandons hautement le maintien des traités de commerce, le regardant comme indispensable pour la prospérité de la généralité de nos industries et de nos commerces, et pour notre agriculture à qui, dans notre pensée, il est également favorable.

Nous réclamons, en outre, le bénéfice de la situation acquise jusqu'à ce jour, en insistant pour que le maximum des droits inscrits dans les tarifs conventionnels ne puisse être dépassé ni relevé sous aucun prétexte; pour qu'une limite soit dès maintenant opposée à toute velléité de retour en arrière, et que la situation créée par le régime inauguré il y a bientôt vingt ans soit enfin fixée et consolidée pour un laps de temps déterminé!

Nous avons voulu à dessein mettre les adversaires et leurs raisons en présence; et le lecteur lui-
même jugera de quel côté doivent se porter ses
sympathies.

En essayant d'analyser les arguments présentés
par les orateurs ou les écrivains qui se prononcent
dans le sens protectionniste, nous les voyons éviter la discussion sur les chiffres et les statistiques
et le plus souvent user de subterfuges pour ne
pas entrer en contradiction avec eux-mêmes. C'est
ainsi qu'un journal du Havre (commercial, maritime, politique et financier) nous étant tombé sous
la main, nous voyons, dans le numéro du 24 août
1877 (édition du soir), qu'un congrès scientifique
ayant été tenu dans cette ville, on a abordé la question du renouvellement des traités de commerce.
Dans cette réunion, c'est M. Rozy, notre estimé
professeur de Droit administratif à la Faculté de
Toulouse, qui prit le premier la parole et qui prononça en faveur du libre-échange le plaidoyer le
plus chaleureux. Le journal en question, tout en
reconnaissant que l'orateur entraîna les auditeurs
à des mouvements d'enthousiasme, essaie de combattre ses arguments; mais, nous sommes forcés

de le reconnaître, il le fait en s'appuyant sur des
chiffres discutables et avec des raisons plus discutables encore, ayant l'air de n'attacher aucune importance à ceux cités par M. Rozy.

Pour présenter un tableau plus récent de la discussion et de l'ardeur avec laquelle les champions
des théories libre-échangistes et protectionnistes
abordent la lutte, nous conseillons, à ceux que
cette étude intéresse, de lire le compte-rendu de
l'assemblée générale de l'Association pour la défense de la liberté commerciale et industrielle et
pour le maintien et le développement des traités de
commerce, tenue au Grand-Hôtel le 26 mai 1879.

M. A. d'Eichthal, président de l'Association,
ouvrit cette séance, à laquelle assistaient grand
nombre de personnes et de notabilités appartenant
au commerce, à l'industrie et à la presse de Paris
et des départements, par une allocution qui fut
suivie d'un discours des plus remarquables pro-
noncé par M. Octave Noël. Après lui, M. Raoul
Duval prit la parole et résuma la situation en termes si saisissants, qu'il entraîna les applaudissements de toute la salle. Et pour montrer à quel
point parfois le parti protectionniste cherche à

égarer l'opinion, il cite un fait par trop intéressant pour que nous le passions sous silence :

« Le 9 mars, nouvelle réunion du Comice agri-
« cole de Dieppe, dans laquelle on préparait la
« grande manifestation des soi-disant délégués
« des sociétés d'agriculture. Il s'agissait d'enlever
« le vote qui devait donner au chef de la députation
« qu'on proposait d'envoyer au Président de la
« République le mandat de parler dans le sens
« protectionniste. On frappe un grand coup. En
« Normandie, il y a de nombreux propriétaires de
« moutons, il s'agit de les rallier au protection-
« nisme, et voici ce qu'on leur dit :

« Un des points les plus saillants qui aient été
« signalés, est l'importation de moutons vivants,
« coûtant à la Plata 5 fr. et rendus au Havre pour
« 6 fr. de fret et 15 fr. de nourriture, soit 21 fr.
« Ces animaux ont été vendus 45 fr. au débar-
« quement, puis 60 fr. sur le marché de Rouen.
« Leur viande était de très belle qualité, leur poids
« atteignait 43 kilogrammes. »

« Les éleveurs alors de se dire : Si les moutons d'Amérique peuvent être livrés en France au prix de 26 fr., l'élevage en devient impossible, et ils

donnent à M. Estan elin le mandat de déclarer en
leur nom au Président de la République que
l'agriculture française est menacée de ruine, mandat dont il s'est, comme vous le savez, très bien
acquitté.

« Il y a longtemps, Messieurs, que je n'ai qu'une
crédulité médiocre à l'endroit de ce que disent les
protectionnistes ; car toutes les fois que j'ai vérifié
leurs chiffres, je les ai reconnus inexacts ; ils se
trompent involontairement sans doute, seulement
ils ont la mauvaise habitude de se tromper toujours. (On rit.)

« J'ai écrit au Havre pour savoir combien il
était arrivé de moutons de la Plata, et j'ai demandé
un compte de revient de l'opération : il m'a été
répondu qu'il en était venu 400 ; que leur prix de
revient, à quai au Havre, s'était élevé à 40 fr.;
qu'ils avaient été vendus 45 fr.; en sorte que le
spéculateur à l'importation avait eu la bonne fortune de gagner 5 fr. par tête, ce qui, vu les ris-
ques courus, ne constitue certainement pas un bénéfice énorme; et que, plus tard, ils auraient été
vendus 60 fr.

« Vous vous demandez sans doute comment

l'expéditeur avait été assez naïf pour céder à 45 fr.
ce qui en valait 60 à vingt lieues de là. C'est que
l'orateur protectionniste avait oublié de dire qu'il
avait fallu mettre ces malheureuses bêtes à l'her-
bage pendant deux ou trois mois. Voilà en quoi a
consisté l'importation, car cette seule et unique
tentative n'a jamais été renouvelée. Il est entré en
France 400 moutons de la Plata ! Et voilà ce qui
a permis à MM. les protectionnistes de jeter le cri
d'alarme et de propager la panique, alors que l'introduction des moutons en France, pendant le
premier trimestre de cette année, accuse une diminution de 188,000 têtes ! (Exclamations) »

Après le discours de M. Raoul Duval, la *résolution* suivante fut mise aux voix et adoptée à
l'unanimité :

*L'Assemblée générale approuve l'exposé qui vient de
lui être fait, et décide que les efforts de l'Association
doivent continuer à travailler à prévenir le relèvement
des droits portés au tarif conventionnel actuellement
en vigueur, et à obtenir, dans le plus bref délai possible, le renouvellement des traités de commerce, seule
garantie de la stabilité indispensable au développement
des affaires industrielles et commerciales.*

Deux autres discours furent prononcés dans cette séance, l'un par M. Notelle, et l'autre par M. Frédéric Passy. Ce dernier, avec une argumentation serrée, aborde la question de la manière suivante :

« Mais on nous a dit : Toute cette prospérité, dont vous vous prévalez, c'est une prospérité menteuse. Plus elle se développera, plus vite nous irons à la ruine, car nous avons la balance du commerce contre lui. Nos importations dépassent, et de plus en plus, nos exportations. Nous nous dépouillons donc de notre or et de notre argent, et par conséquent nous nous ruinons.

« Voilà le sophisme, Messieurs ; il est vieux comme le monde ; il n'en est pas plus respectable pour cela, mais il n'en produit pas moins d'effet.

« Nous nous ruinons, nous vidons nos poches au lieu de les emplir, et à ce jeu-là, s'il continue, on ne trouvera plus ni or ni argent en France ! En vérité ! Et c'est en 1879 que l'on nous débite cela, au moment où les caves de la Banque regorgent d'or et d'argent à ne savoir où les loger, alors que pour la première fois depuis l'existence de cet établissement, ses réserves métalliques dépassent la totalité des billets émis par lui ! Rien n'est brutal comme un fait, dit-on. Eh bien, le fait, c'est que, depuis plusieurs années, le stock métallique de la France n'a pas cessé de s'accroître, et qu'en 1878 notamment, tandis que l'ensemble de nos importations dépassait de plusieurs centaines de millions l'ensemble de nos exportations, nos importations de métaux précieux, elles aussi, dépassaient de plusieurs centaines de millions (de près de quatre cents) nos exportations. Voilà comment nous nous appauvrissons de ces métaux.

« La vérité que l'on ne veut pas voir, bien qu'elle crève les yeux, c'est qu'il n'y a aucun rapport nécessaire entre les importations ou exportations de marchandises diverses et l'entrée ou la sortie de l'argent. C'est que l'argent, la plupart du temps, ne figure dans les échanges qu'à l'état nominal. *On évalue en argent, mais on paye en produits.* Pour vendre il faut acheter, et pour acheter il faut vendre. La monnaie, cette monnaie à laquelle on prétendait sacrifier tout le reste, n'est qu'une marchandise comme les autres, après tout, et une *marchandise d'importation* qui plus est (car je ne sache pas que les mines nationales en produisent beaucoup). Ce que nous en avons, nous le payons

ou nous l'avons payé, comme le reste, de notre
travail ou de nos produits, et nous n'avons aucun
intérêt à en acheter au-delà du nécessaire. Il nous
en faut, sans doute, puisque c'est un instrument
de l'échange, comme il nous faut des outils, des
routes ou des voitures ; il ne nous en faut pas indéfiniment, pas plus qu'il ne faut vingt chevaux dans
une écurie pour le service de deux.

« Et quel est donc le service de l'or et de l'argent, s'il vous plaît? C'est d'aller et de venir,
comme les chevaux, c'est-à-dire de sortir de l'écurie. Empêchez-les d'en bouger, et vous verrez. »

Il est difficile de combattre d'une façon plus
loyale et en même temps avec plus de verve et de
force d'argumentation que l'a fait, dans tout le cours
de son discours, M. Frédéric Passy. Aussi des applaudissements répétés accueillirent la fin de son
discours qui avait jeté dans l'esprit de ses auditeurs la décision la plus énergique en faveur du
maintien des traités de commerce.

XII

Pour montrer à nos lecteurs que nous nous sommes tenu au courant de la situation qui nous occupe, et pour faciliter en même temps la tâche que nous nous étions imposée, nous avons sous les yeux le supplément très intéressant de la *Gironde* du mardi 1ᵉʳ juillet 1879. Cette feuille donne le compte-rendu *in extenso* d'une réunion publique tenue à Bordeaux sous les auspices de l'Association pour la défense de la liberté commerciale et industrielle, le mardi 17 juin 1879.

Le comité protectionniste ayant refusé d'admettre la contradiction dans la séance du dimanche

15 juin, à laquelle M. Pouyer-Quertier avait été invité à se rendre, MM. E. Raoul Duval et Octave Noël organisèrent une *réunion publique* dans la salle de l'Alhambra.

Il est instructif et édifiant tout à la fois d'analyser cette séance pour se bien rendre compte des efforts sérieux et sincères que font les partisans de la doctrine libre-échangiste pour arriver à faire la lumière sur des points controversés il est vrai, mais où leur bonne foi, jointe à leur expérience, à leur savoir et à leur force d'argumentation, est toujours sûre de triompher.

Plus de 4,000 personnes assistaient à cette réunion. On y remarquait la Chambre de commerce de Bordeaux, qui s'y était rendue en corps, précédée de ses huissiers, un grand nombre des membres du Conseil municipal, du Conseil général, du Tribunal de commerce, de la Société d'agriculture, de magistrats.

M. Brandenburg, maire de Bordeaux, présidait la séance, et était assisté de MM. Prom, vice-président de la Chambre de commerce ; de Sonneville, vice-président de la Société d'agriculture ; Octave Noël, secrétaire général de l'Association,

et Alexandre Léon, ancien président du Conseil
général de la Gironde.

M. le Maire de Bordeaux ouvre la séance et
prononce quelques paroles par lesquelles il affirme
hautement la nécessité de se rallier aux principes
du libre-échange si l'on veut la prospérité pour le
pays, et il dit que la ville de Bordeaux est fière de
se trouver à l'avant-garde chaque fois que se pré-
sente l'occasion de soutenir ces principes.

Après cela, M. Brandenburg, nommé président
par acclamation, donne la parole à M. Raoul Duval, qui, dans un discours très écouté et très
applaudi, développe des arguments réfutant les
idées protectionnistes. La question maritime a
surtout été traitée par lui avec un talent très
remarquable, et au sein de cette réunion publique
nous n'avons pu enregistrer que les protestations
d'un seul des membres qui la composaient.

M. Armange, de Nantes, s'est contenté d'inter-
rompre avec une certaine obstination, sans essayer
de venir combattre sérieusement à la tribune les
arguments de M. Raoul Duval.

Ce dernier s'est ensuite particulièrement appliqué à réfuter les chiffres et les théories émises par

M. Pouyer-Quertier à la réunion du Grand-Hôtel.
Puis il a fait le tableau de la situation avantageuse
que la Gironde avait à retirer des traités de commerce, situation qui, depuis 1860, devient tous les
jours plus prospère.

Enfin, répondant à quelques paroles prononcées
par M. Labut, qui a contesté seulement quelques-
unes de ses allégations, M. Raoul Duval propose
la résolution suivante, que M. le Président met
aux voix, et qui est adoptée à une très grande majorité par main levée, non, toutefois, sans que
quelques protestations se fassent entendre, mais
elles ont été aussitôt couvertes par des applaudissements significatifs à l'endroit des protectionnistes :

« *La réunion,*

« *Confirmant les résolutions adoptées dans la séance*
« *du 22 avril dernier,*

« *Émet le vœu :*

« *Que les traités de commerce soient conclus aussi-*
« *tôt que possible, de manière à assurer au commerce*
« *et à l'industrie la fixité indispensable à leurs opé-*
« *rations, et proteste contre toute augmentation du*
« *tarif conventionnel actuellement en vigueur, lequel*
« *ne doit être considéré que comme un maximum.* »

Voilà donc, l'ensemble de la situation exposé, et s'il nous est permis d'exprimer un regret, c'est que les Chambres n'aient point jugé à propos, avant de se séparer, de trancher un sujet de si haute importance pour le pays tout entier et pour ses intérêts commerciaux. Nous nous réjouirions de ce retard cependant s'il devait, comme compensation, nous donner ce que nous espérons d'une étude sérieuse de la question, c'est-à-dire l'accomplissement de nos vœux qui tendent vers la liberté commerciale.

Il ne sera pas sans fruit de suivre les séances des Chambres quand aura lieu la discussion sur la matière, et nous verrons des orateurs appar-

tenant à toutes les opinions politiques venir défen-
dre ces théories du libre-échange. M. Pouyer-
Quertier va se trouver en face d'adversaires
préparés et mûris pour la lutte, infatigables dans
leurs recherches, et qui apporteront à la tribune,
à l'appui des idées qu'ils voudront faire triompher,
des arguments bien capables de séduire et d'entraîner la majorité.

M. Rouher lui-même, s'il ne met pas à exécu-
tion sa résolution de rentrer dans la vie privée à
cause du deuil qui vient de le frapper, soutiendra
avec son talent incontestable, à la rentrée des
Chambres, ces traités de 1860 qui sont une des
gloires de l'Empire.

Que la France se retrouve donc une fois elle-
même ! Travaillons, travaillons énergiquement,
librement. Nous n'avons à demander des faveurs
à personne, pas plus que nous n'avons à souffrir
d'extorsion. Qu'il ne se trouve personne pour
lever un tribut sur le labeur d'autrui. Marchons
sans hésiter dans le calme, la sécurité et le travail,

vers cette conquête de la liberté commerciale. C'est à cette ligue du travail et de la paix que nous voulons nous rallier et que nous vous convions. Pour assurer à tous le travail, point ne sera besoin de sang versé, et dans cette lutte, où nous nous reconnaissons l'un des plus humbles soldats, nous formons les vœux les plus sincères pour que nos aspirations soient réalisées?

Au moment de mettre sous presse, nous apprenons par télégramme que la question des traités de commerce et des tarifs de Douane vient de faire son apparition à la Chambre des députés le 22 juillet 1879, sous la forme d'un amendement de M. Keller.

Ce dernier n'est point partisan du régime libre-échangiste. Il signale la concurrence suscitée à notre production nationale par les traités de commerce, notamment en ce qui concerne la métallurgie, les cotons et les lins; il indique l'opportunité de revenir au régime antérieur à 1860. Puis l'orateur allègue en faveur d'une prompte solution ce fait que plusieurs fabriques d'Alsace seraient disposées à venir s'établir en France si elles savaient sous quel régime elles seraient destinées à vivre.

Parlant des souffrances de l'agriculture, M. Keller prétend qu'elles résultent de la concurrence des céréales américaines, et il demande pour l'agriculture des droits compensateurs. Examinant ensuite la question des salaires et des rapports entre les patrons et les ouvriers, il dit que cette question ne peut recevoir une solution satisfaisante qu'autant que l'industrie sera assurée de ne pas succomber.

L'orateur, indiquant la possibilité de voter les nouveaux tarifs avant 1880, conclut en condamnant énergiquement la politique d'ajournement.

M. Tirard répond que le gouvernement ne peut pas prendre

d'engagement à date fixe sans savoir si le tarif sera voté à cette date.

Il maintient la nécessité du délai demandé par le gouvernement pour la prolongation avec six mois en plus.

Le ministre combat la thèse pessimiste de M. Keller, et ajoute que le pays qui donne chaque année 100 millions d'excédants en recettes n'est pas dans une situation aussi déplorable que le disait M. Keller.

M. Tirard entame une péroraison chaleureuse en faveur du libre-échange, dont les effets ont accru la production nationale et la prospérité du pays. (Applaudissements.)

M. Méline, tout en faisant des réserves sur la situation de l'industrie et la fixation des tarifs, se rallie au projet du gouvernement, qui ne compromet aucun principe.

M. de Mackau combat le projet du gouvernement; il se rallie à l'amendement Keller, qui préconise la date fixée pour faire cesser cette situation équivoque

M. Keller monte à la tribune (Cris : la clôture!). La clôture est prononcée à une grande majorité.

L'amendement Keller est rejeté.

Tous les articles de l'ensemble du projet sont votés.

Espérons que ce délai un peu long peut-être contribuera, néanmoins, à fortifier dans l'esprit des membres des deux Chambres cette pensée déjà citée plus haut :

Que la justice doit toujours être la base d'une bonne politique.

www.ingramcontent.com/pod-product-compliance
Lightning Source LLC
Chambersburg PA
CBHW071203200326
41519CB00018B/5345